新时代
投资
新趋势

裸K线
技术分析与交易

胡云生 著

清华大学出版社
北京

内 容 简 介

交易进入计算机时代后，资金雄厚的大型机构利用程序交易和高频交易获得了更大的市场优势，"聪明钱"和"笨钱"之间的博弈更加残酷。中小型专业机构和优秀的个体交易者则发展出裸K线交易法，获得了不对称的交易优势，成功抗衡了大型机构，裸K线交易法也因此成为当今世界的主流交易技术。裸K线交易法用在A股市场，是对传统技术分析交易者的降维打击，具备明显的系统优势。

本书从裸K线交易者的实战场景出发，系统阐述裸K线交易法的四大体系，即裸K线技术分析的原理和工具、实战进场和出场的技巧、基于交易数学的风控系统，以及裸K线交易者的训练方法，帮助读者学习裸K线交易法的知识，并通过自我训练掌握简洁、直观和高效的裸K线实战技法。

全书逻辑清晰、结构完整，图文并茂、实战性强，适合A股、期货、外汇等市场的投资者阅读，还可以作为机构内部培训的教材。

图书在版编目（CIP）数据

裸K线技术分析与交易 / 胡云生著. —北京：清华大学出版社，2024.3（2024.11重印）

（新时代·投资新趋势）

ISBN 978-7-302-65663-0

Ⅰ. ①裸… Ⅱ. ①胡… Ⅲ. ①股票交易－基本知识 Ⅳ. ①F830.91

中国国家版本馆CIP数据核字（2024）第048259号

责任编辑：刘 洋
封面设计：徐 超
版式设计：张 姿
责任校对：王凤芝
责任印制：曹婉颖

出版发行：清华大学出版社
　　　　　网　　　址：https://www.tup.com.cn，https://www.wqxuetang.com
　　　　　地　　　址：北京清华大学学研大厦A座　　　　邮　　编：100084
　　　　　社 总 机：010-83470000　　　　　　　　　　邮　　购：010-62786544
　　　　　投稿与读者服务：010-62776969, c-service@tup.tsinghua.edu.cn
　　　　　质 量 反 馈：010-62772015, zhiliang@tup.tsinghua.edu.cn
印 装 者：三河市东方印刷有限公司
经　　销：全国新华书店
开　　本：170mm×240mm　　　印　张：12.75　　　字　数：199千字
版　　次：2024年5月第1版　　　　　　　　　印　次：2024年11月第6次印刷
定　　价：79.00元

产品编号：102400-01

　　裸 K 线交易法是交易进入计算机时代后，基于狭义的价格行为学[①]的一整套科学交易系统。裸 K 线交易法源于高流动性的外汇和期货市场。这类市场中，传统的技术分析和交易方法难以适应高杠杆和及时性的交易环境。严酷的交易环境迫使高杠杆交易者不断进化。机构从计算机算力出发，生发出高频和程序两大类交易方法。个体交易者则从行情数据的图形直观化着手，逐渐发展出**技术分析简单**、**交易规则明确**、**交易信号清晰快速**，以及有**交易数学**支撑的能够**长期一致性盈利**的裸 K 线交易法。该交易方法本质上是一种"读图交易法"，充分发挥了个体交易者资金规模小的散户优势[②]，是个体交易者战胜市场、战胜机构的利器，也因此成为当今世界个体交易者最主流的交易方法之一。在无杠杆或低杠杆的 A 股市场，裸 K 线交易者就是对传统技术分析交易者的**降维打击**，具有明显的工具性优势。

　　传统的技术方法注重解释已有的价格走势，其预测结论很难对真实的交易行为提供具体和明确的指导。裸 K 线交易法则不一样，所有的技术分析方法和工具都是为了"寻找高质量的交易机会"。在一整套风险控制措施的约束下，当交易计划的买进信号出现时，裸 K 线交易者会毫不犹豫地进场买进；当离场信号出现后，无论盈亏，都会干净利索地离场。由于进出场的信号主要是特定形态的 K 线或是 K 线组合，加上多数的裸 K 线交易者不使用滞后性的各类技术指标，交易者们将此交易技术简称为"裸 K 线交易法"。

---

① 狭义的价格行为学认为"价格包容一切"，交易者除了价格运动，不需要关注其他任何信息。广义的价格行为学则会关注特定信息背后的市场的价格反应，并发展出专门针对特定信息发布日的交易策略。

② 交易中，机构订单规模大，完成订单通常需要一定的时间（即一个时间段），个体交易者的订单规模小，通常可以及时完成。订单完成的及时性，很大程度上是个体交易者相对机构的唯一优势。

需要强调的是，虽名为"裸 K 线交易法"，但不可望文生义。裸 K 线交易法绝对不是仅依赖特定 K 线形态做交易的，更不是所谓日本蜡烛图技术的实战应用。事实上，传统的技术分析、交易策略和交易技巧已经不再是当代主流交易理论的重点，所有的交易者都公认不存在"圣杯"一样的超级交易策略。换句话说，所有的交易策略都有其适用的边界条件。即使在适用阶段，都可能出现交易失败，甚至连续多次失败的情形。如果没有良好的风控措施，任何交易策略都可能会对交易账户造成严重伤害。

交易的目的是盈利，直接的结果就是账户的资金曲线。当代交易理论和技术的首要问题不再是传统的技术分析，而是资金曲线的有效管控。有效的解决方法都有两个重点，即交易数学在交易中的应用（风险管控）、交易者交易能力的训练。裸 K 线交易法把交易系统分为交易数学、价格行为技术分析和交易能力训练三个子系统，并发展出一整套学习和训练的科学体系，协助个体交易者快速、有效地"练"成一致性盈利的成功交易者。

本书把交易数学和交易能力训练作为基础逻辑，贯穿全书，向读者全面介绍了"裸 K 线交易法"这套科学的交易系统。书中价格行为的技术分析（图表技术分析和交易策略）采用了**"威科夫价格循环和价格结构"**。该价格行为模型本质上是**"收敛—扩张"**形态循环的识别，是历经时间检验的经典价格行为（市场中最常见的），也是众多裸 K 线交易者的实战图表模型。"威科夫价格循环和价格结构"化繁为简[①]，无论是区间交易策略，还是趋势交易策略，交易者使用该价格行为模型做技术分析和拟订交易计划都非常简单，并且清晰有效，能及时识别和把握绝大多数高胜算和高盈亏比的优质交易机会。

传统技术分析的交易者通常关注特定交易品种的涨跌；裸 K 线交易者主要关心交易账户资金曲线的增长和回撤。当你看完本书，自觉不自觉地开始重点关注自己交易账户的资金曲线时，你就推开了交易成功的大门，步入了成功交易者的殿堂。

作者

---

① 裸 K 线交易法各流派采用的价格行为图表模型都很简单。也就是说，裸 K 线交易法技术分析的学习和使用难度，远低于传统的技术分析。这是裸 K 线交易法的重要特征之一。

CONTENTS
目 录

第 1 章　什么是裸 K 线交易法 ·· 1

1.1　裸 K 线交易者使用的图表 ·· 2

1.2　裸 K 线交易者怎么做交易 ·· 2

1.3　裸 K 线交易法实战的过程 ·· 4

1.4　裸 K 线交易法的底层逻辑 ······································· 10

 1.4.1　裸 K 线交易法的技术原理 ································· 10

 1.4.2　基于规则的主动交易者 ···································· 11

第 2 章　裸 K 线交易法的基础技术 ·································· 13

2.1　K 线技术 ·· 14

 2.1.1　K 线的技术原理 ·· 14

 2.1.2　Pinbar 是最典型的逆转信号 K 线 ······················ 16

 2.1.3　大阳线 / 大阴线 / 缺口都是大 K 线 ····················· 20

 2.1.4　持续 K 线 ··· 22

 2.1.5　停滞 K 线 ··· 22

2.2　形态学技术 ··· 23

 2.2.1　形态学的技术原理 ·· 24

 2.2.2　反转形态 ··· 24

 2.2.3　持续形态 ··· 27

2.3　支撑线和阻力线的画法 ·· 30

2.3.1 基础画法 ··· 31

2.3.2 画法再讨论 ··· 32

2.3.3 关键水平线 ··· 35

2.4 趋势线的画法 ··· 36

2.4.1 趋势的标注 ··· 37

2.4.2 趋势线的基础画法 ····································· 38

2.4.3 趋势线的画法再讨论 ································· 39

2.4.4 均线的趋势意义 ······································· 40

第 3 章 裸 K 线交易法的技术分析 ························· 43

3.1 价格运动的技术原理 ······································· 44

3.1.1 交易视角的道氏理论 ································· 44

3.1.2 威科夫的价格循环和价格结构 ················· 47

3.1.3 价格运动的三大经验特征 ························· 50

3.1.4 价格摆动 ··· 50

3.2 区间结构的技术分析 ······································· 51

3.2.1 主区间的识别和确认 ································· 53

3.2.2 支撑线 / 阻力线附近的小型区间 ··············· 54

3.2.3 更大的区间结构 ······································· 56

3.2.4 区间结构的内部价格运动 ························· 56

3.3 趋势结构的技术分析 ······································· 58

3.3.1 通道线 ··· 58

3.3.2 趋势的强度 ··· 61

3.3.3 强趋势结构 ··· 64

3.3.4 正常的趋势结构 ······································· 67

3.3.5 弱趋势结构 ··· 68

3.3.6　趋势结构的数值分析 ⋯⋯⋯⋯⋯⋯⋯⋯⋯⋯⋯⋯⋯⋯ 69

3.3.7　趋势结构可能结束的标志 ⋯⋯⋯⋯⋯⋯⋯⋯⋯⋯⋯⋯ 71

3.3.8　趋势结构实时跟踪分析 ⋯⋯⋯⋯⋯⋯⋯⋯⋯⋯⋯⋯⋯ 75

3.4　突破的技术分析 ⋯⋯⋯⋯⋯⋯⋯⋯⋯⋯⋯⋯⋯⋯⋯⋯⋯⋯⋯ 79

3.4.1　突破的分类 ⋯⋯⋯⋯⋯⋯⋯⋯⋯⋯⋯⋯⋯⋯⋯⋯⋯⋯ 79

3.4.2　假突破 ⋯⋯⋯⋯⋯⋯⋯⋯⋯⋯⋯⋯⋯⋯⋯⋯⋯⋯⋯⋯ 81

3.4.3　有效突破的供需逻辑 ⋯⋯⋯⋯⋯⋯⋯⋯⋯⋯⋯⋯⋯⋯ 82

3.4.4　有效突破前的技术形态 ⋯⋯⋯⋯⋯⋯⋯⋯⋯⋯⋯⋯⋯ 84

3.4.5　有效突破的关键技术特征 ⋯⋯⋯⋯⋯⋯⋯⋯⋯⋯⋯⋯ 89

3.4.6　趋势结构中的突破 ⋯⋯⋯⋯⋯⋯⋯⋯⋯⋯⋯⋯⋯⋯⋯ 91

3.5　PA 共振的热区技术分析 ⋯⋯⋯⋯⋯⋯⋯⋯⋯⋯⋯⋯⋯⋯⋯ 93

3.5.1　PA 共振的技术原理 ⋯⋯⋯⋯⋯⋯⋯⋯⋯⋯⋯⋯⋯⋯ 93

3.5.2　辅助线与 K 线的共振 ⋯⋯⋯⋯⋯⋯⋯⋯⋯⋯⋯⋯⋯ 94

3.5.3　时间周期的共振 ⋯⋯⋯⋯⋯⋯⋯⋯⋯⋯⋯⋯⋯⋯⋯⋯ 96

3.6　盘势的综合解读 ⋯⋯⋯⋯⋯⋯⋯⋯⋯⋯⋯⋯⋯⋯⋯⋯⋯⋯⋯ 97

3.6.1　读图寻找交易机会 ⋯⋯⋯⋯⋯⋯⋯⋯⋯⋯⋯⋯⋯⋯⋯ 98

3.6.2　交易背景分析 ⋯⋯⋯⋯⋯⋯⋯⋯⋯⋯⋯⋯⋯⋯⋯⋯⋯ 99

3.6.3　个股的盘势解读 ⋯⋯⋯⋯⋯⋯⋯⋯⋯⋯⋯⋯⋯⋯⋯⋯ 99

第 4 章　裸 K 线交易法的买卖规则 ⋯⋯⋯⋯⋯⋯⋯⋯⋯⋯⋯ 101

4.1　裸 K 线交易法的止损方法 ⋯⋯⋯⋯⋯⋯⋯⋯⋯⋯⋯⋯⋯⋯ 102

4.1.1　单笔金额止损 ⋯⋯⋯⋯⋯⋯⋯⋯⋯⋯⋯⋯⋯⋯⋯⋯⋯ 102

4.1.2　单笔百分比止损 ⋯⋯⋯⋯⋯⋯⋯⋯⋯⋯⋯⋯⋯⋯⋯⋯ 103

4.1.3　技术面参考点止损 ⋯⋯⋯⋯⋯⋯⋯⋯⋯⋯⋯⋯⋯⋯⋯ 103

4.2　账户的风险控制 ⋯⋯⋯⋯⋯⋯⋯⋯⋯⋯⋯⋯⋯⋯⋯⋯⋯⋯⋯ 104

4.2.1　亏大钱的三种方式 ⋯⋯⋯⋯⋯⋯⋯⋯⋯⋯⋯⋯⋯⋯⋯ 104

4.2.2　打平操作 ·· 106

4.3　裸 K 线交易法的买进技巧 ···················· 107

4.3.1　信号 K 线买进法 ·· 107

4.3.2　小区间分批买进 ·· 108

4.3.3　买进区间的主动卖出 ···································· 108

4.4　裸 K 线交易法的卖出技巧 ···················· 109

4.4.1　买进区间止损被动卖出 ································ 110

4.4.2　信号 K 线主动卖出 ······································ 111

4.4.3　盈亏比主动卖出 ·· 112

4.4.4　阻力位主动卖出 ·· 112

4.4.5　盘势异动主动卖出 ······································ 113

4.4.6　趋势阶段跟踪止损被动卖出 ························ 114

4.5　裸 K 线交易法的加减仓 ······················· 115

4.5.1　等额加减仓 ··· 115

4.5.2　递增加减仓 ··· 116

4.5.3　交替加减仓 ··· 117

第 5 章　裸 K 线交易法的交易策略 ·················· 119

5.1　裸 K 线交易策略的逻辑 ························· 120

5.2　裸 K 线交易法的三种基本交易策略 ········ 124

5.2.1　支撑线和阻力线的区间交易策略 ················· 124

5.2.2　假突破交易策略 ·· 127

5.2.3　压力支撑互换交易策略 ································ 132

5.3　趋势结构交易策略的要点 ······················ 134

5.4　趋势结构交易策略的五种进场法 ············ 135

5.4.1　压力支撑互换进场法 ···································· 136

5.4.2　逆向假突破进场法 ·· 136

5.4.3　顺趋势突破进场法 ·· 138

5.4.4　大阳线进场法 ·· 138

5.4.5　辅助线进场法 ·· 139

5.5　趋势阶段的持股策略 ·· 140

5.5.1　辅助线持股 ·· 140

5.5.2　趋势结构点持股 ·· 141

5.6　大行情的技术分析与交易方法 ···································· 142

5.6.1　大行情与有效突破 ·· 143

5.6.2　从趋势到逆趋势两段大行情的全景图 ·························· 144

5.6.3　向下的有效突破确认下跌趋势 ································ 145

5.6.4　下跌趋势转上涨趋势视角的技术分析与交易方法 ·············· 146

5.6.5　吸筹区转上涨趋势视角的技术分析与交易方法 ················ 148

5.6.6　上涨趋势的技术分析与交易方法 ······························ 151

5.6.7　再吸筹区转上涨趋势视角的技术分析与交易方法 ·············· 153

5.6.8　关于大行情交易策略的总结 ·································· 156

5.7　关于交易策略的三个经典辩题 ···································· 156

5.7.1　左侧交易与右侧交易 ·· 157

5.7.2　短单与长单 ·· 158

5.7.3　交易策略的历史回测 ·· 158

第 6 章　裸 K 线交易法的交易数学 ······························ 161

6.1　交易数学是什么 ·· 162

6.2　交易行为的数学逻辑 ·· 162

6.2.1　涨幅与跌幅 ·· 163

6.2.2　复利 ·· 164

6.2.3　盈亏比 ································· 165

6.2.4　胜率 ···································· 166

6.2.5　数学期望 ······························ 166

6.2.6　大数法则 ······························ 170

6.2.7　凯利公式 ······························ 170

6.3　一致性盈利的数学逻辑 ···················· 174

6.3.1　交易策略的再审视 ··················· 174

6.3.2　交易策略的动态监测 ················· 175

6.3.3　账户风控的实战逻辑 ················· 176

第 7 章　裸 K 线交易者的成功之路 ················ 179

7.1　裸 K 线交易者的成长曲线 ················· 180

7.1.1　掌握交易最根本的技能 ··············· 180

7.1.2　成长曲线的四个阶段 ················· 181

7.1.3　成功交易者的三大特质 ··············· 182

7.2　裸 K 线交易者自我训练的方法和工具 ······ 183

7.2.1　练习，再练习，反复练习 ············· 183

7.2.2　交易记录和复盘 ····················· 184

7.2.3　建立个人的交易优势 ················· 185

7.3　建立与优化适合自己的交易系统 ············ 185

7.3.1　寻找和把握高质量的交易机会 ········· 185

7.3.2　完整的交易系统 ····················· 186

7.3.3　交易计划的前置工作 ················· 187

7.3.4　建立与优化交易系统是一个渐进的过程 ·· 188

7.4　威科夫价格循环和价格结构的优化讨论 ······ 188

7.5　把交易融入生活 ·························· 192

第 1 章

什么是裸 K 线交易法

|1.1　裸 K 线交易者使用的图表|

裸 K 线交易法使用的图表，对价格运动的展示简单明了。

以日线交易者为例，通常使用纯 K 线图。一些裸 K 线交易者也会使用带 20 均线和 60 均线的 K 线图，并加上成交量。日线以下的交易可以只用纯 K 线图。

行情分析通常采用的辅助线有支撑线、阻力线和趋势线，也就是两条横线加一条斜线。

对于多根 K 线形态的研判，形态是指底部形态、持续（整理）形态和顶部形态，形态内部通常不交易。

Pinbar 是裸 K 线交易法常用的术语，交易者据此研判价格运动的可能拐点，并作为交易的信号 K 线。

日线是价格运动最基础的时间周期，对各种类型的交易者都很友善。本书除非特指，均使用日 K 线图。

|1.2　裸 K 线交易者怎么做交易|

简单来说，裸 K 线交易者完成一次交易，需要分为"寻找机会""等待信号"和"执行交易"三个基本阶段。

图 1-1 是裸 K 线交易法的交易循环图。左侧是"寻找机会"阶段；中间是"等待信号"阶段，一是等待价格进入目标买进区间，二是等待出现交易的信号 K 线；右侧是"执行交易"阶段。整个交易循环完成，重新开始下一轮交易循环。

第一个步骤是"寻找机会"。所谓"寻找机会"，就是要在价格波动中找到可能盈利的交易机会。以做多为例，裸 K 线交易者在价格横向运动的阶段，一般会使用"支撑位买进，阻力位卖出"的交易策略。图 1-1 中的"分析价格结构"就是画出支撑线和阻力线，判断交易品种是否正在横向运动；"拟订交易计划"就是做好买卖的交易计划，即在什么价格区间出现什么信号 K 线后买，买进后在什么价格区间卖。

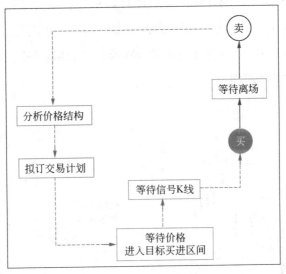

图 1-1　裸 K 线交易法循环图

　　第二个步骤是"等待信号"。交易现实中，交易品种的价格运动可能按照计划如约而至，也可能是另外的走势。"等待信号"是两个等待，一是等待价格进入目标买进区间；二是等待在目标买进区间出现信号 K 线，例如 Pinbar。两个条件都满足后，才进入第三个步骤。

　　需要注意的是，只有当交易品种的价格运动按照交易计划运行后，裸 K 线交易者才会执行。"看见了再交易"，这是裸 K 线交易者的铁律。所谓"看见了"，是指信号 K 线的价格收定。以日线为例，就是收盘后，当天的 K 线完整画定，而实际的交易可能要在隔天，或者隔天之后的几个交易日进行。

　　第三个步骤是"执行交易"。执行交易是一个"买—等—卖"的过程。初级裸 K 线交易者采用"止损单 + 止盈单"被动出场的方式卖出；中高级交易者会在这个过程中采用一些"订单管理"的精细技巧。由于市场行情的不确定性，所以后者的优势很难获得直接的证明。事实上，一次交易是否盈利，以及盈利的多寡，多少都与运气有关，或者说是概率问题。

|1.3 裸 K 线交易法实战的过程 |

接下来的案例，将从实战的视角展示，裸 K 线交易者究竟是如何做交易的。

如图 1-2 所示，交易品种在一轮急促的下跌之后，走出了两波次的上涨。从图 1-2 中可以看出，第一波上涨后的调整是横向运动，第二波上涨后的调整则是明显的小型下跌趋势。由于图 1-2 中的价格运动信息相互矛盾，所以常见的技术分析很难做出有效的研判。

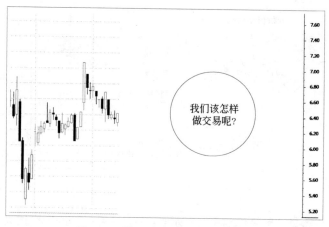

图 1-2　裸 K 线交易法的图表界面

面对这样的 K 线图，裸 K 线交易者会怎样做交易呢？如图 1-3 所示，交易者首先要做的就是分析价格结构。

图 1-3　分析价格结构

利用裸K线分析技术，裸K线交易者会认为这是一个潜在的、好的交易机会，因为价格波动的范围相对较大，有足够的盈利空间。

对于潜在的交易品种，裸K线交易者的价格分析工具很简单——两条横线（支撑线和阻力线）和一条斜线（趋势线）。

在很多技术分析者看来，图1-4中的支撑线并不是一条好的支撑线，甚至会认为不能算是支撑线，因为距离下跌的摆动低点太远了。但是，在裸K线交易者的眼中，这是一条强而有力的支撑线，原因在于支撑线下方有两根大阳线，大阳线后又跳空到支撑线上方，更好的信号是第一波回撤出现了一根大阴线测试支撑位，随后迅速拉起第二波更强势的上涨。因此，这是一根由下方大阳线、缺口和大阴线测试共同确定的支撑线。当价格再次来到支撑线附近时，会是一个高质量的交易机会。

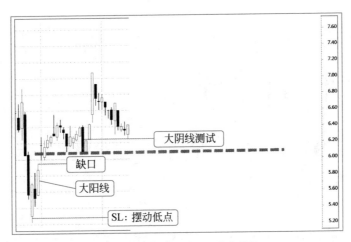

图1-4　裸K线交易法的支撑线

交易计划如图1-5所示，支撑线附近作为目标买进区间，止损放在支撑线下方，止盈放在阻力线附近。

当目标买进区间出现信号K线后，执行交易计划。

拟订好交易计划就进入交易循环的第二个阶段"等待信号"。图1-6中，红色三角形指示的是一根高开阴线，间隔一天后是一根标准的小Pinbar，可以认为这里形成了一个小型双底。

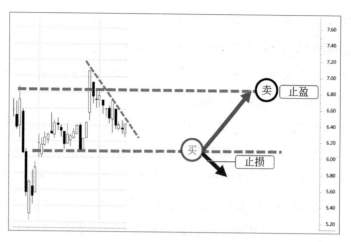

图 1-5　拟订交易计划

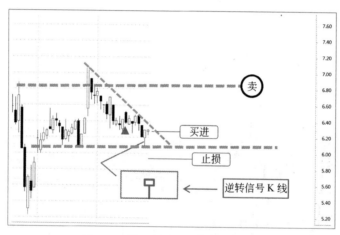

图 1-6　裸 K 线交易法的信号 K 线

可以进场交易吗？不可以！因为价格运动并没有进入到交易计划的目标买进区间。

指示阴线出现后的第六天，连续 3 天下跌的 K 线触及了支撑位，随后的反弹持续到收盘，形成了一根带下影线的阳线，可以作为信号 K 线。但是，这根阳线不符合标准的 Pinbar K 线的技术要求，因此最好再等一根。

第七天的小 K 线验证了信号 K 线的有效性。

细心的读者会发现，图 1-6 中的趋势线做了一下调整。请注意：这并不是必需的。要随时牢记：交易者交易的是市场的不确定性，不存在完美的规则，也不存在标准的规则。裸 K 线交易法也不例外。因此，趋势线是否可以调整，如何调整，因人而异。

　　事实上，裸 K 线交易者的交易计划和执行会稍微复杂一点。在信号 K 线确定后，会根据进场位置进行盈亏比（Profit to Loss Ratio）分析。图 1-7 中的盈亏比约为 2 ∶ 1，这是一次优良的交易机会。

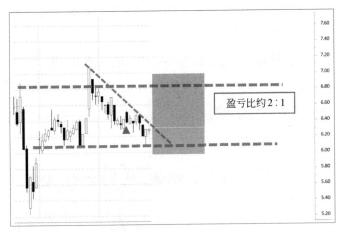

图 1-7　裸 K 线交易法的盈亏比

　　信号 K 线后等待了一天，随后的第二天买进。如图 1-8 所示，这是一根跳空小阳线（对应从左到右第二个红色三角形），它突破了调整之后的下跌趋势线，显示出上涨动能充足，这是一个好的标志。

图 1-8　裸 K 线交易法的卖出

买进后的第五天，大阳线触及交易计划设置的阻力线，主动止盈卖出，顺利完成了这一次交易。

这笔交易从发现潜在交易品种时间起算，等待了 8 天进场；从进场起算，交易进行了 6 天，总计 14 个交易日。进场价格以 6.37 元 / 股计算（当天的收盘价），离场价格以 6.94 元 / 股计算（当天的收盘价），盈利约 9%。

总结一下，裸 K 线交易法是基于规则的主观判断交易法，有以下两个关键点。

第一，只在价格结构的关键小区间交易，其他位置不交易（见图 1-9 中标注的买卖对应小区间）。

第二，"看见了再交易"，要等信号 K 线出现后，再进行右侧交易。

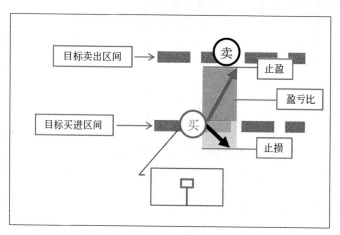

图 1-9　裸 K 线交易法的"三等二算"

裸 K 线交易法的要诀可以简化为"三等二算"。所谓"三等"，一是等待价格进入目标买进区间；二是等待出现信号 K 线；三是进场后持股等待离场信号。"二算"是指：一算交易风险，以买进价格减去止损价格，计算单笔交易的风险，以及对账户总风险的影响；二算盈亏比，以此判断交易机会的质量。

案例随后的走势如图 1-10 所示：在先前阻力位区间受阻回落，大阴线后出现了信号 K 线，可以再次进场交易。

由于横盘运动出现了高点抬高，低点也依次抬高的走势（见图 1-11），因此新交易调整了支撑线和阻力线，并画出了底部抬高的趋势线。在新支撑线和趋势线的交叉区间，大阴线后出现停滞的走势，并出现了一根不标准的 Pinbar。利用裸 K 线交易法 "PA 共振热区" 的规则，这里也可能是一次高质量的交易机会。

图 1-10　一次新的交易（买）

图 1-11　一次新的交易（卖）

信号 K 线后的第一天是一根十字星，进场买进。第十天到达止盈位置，主动卖出。从进场起算，总计 10 个交易日。进场价格以 6.56 元 / 股计算（当天的收盘价），离场价格以 7.04 元 / 股计算（当天的收盘价），盈利 7% 多一点。

在这次交易中，接近阻力线的过程中，进场后第七天出现高开阴锤子线，第八天十字线。常见的 K 线交易规则可能就会提前离场，拿不到目标止盈位。而裸 K 线交易者根据小型上涨趋势线，完全可以拿到止盈位。这就是裸 K 线交易法的优势。

图 1-11 中的走势，在止盈卖出后又继续上涨了一段。可惜吗？不可惜！对于裸 K 线交易者来说，这是常见的情形。这笔交易的计划就是区间交易，是否突破不在交易计划的范围内。也就是说，交易计划是何价位，执行交易就做到什么价位。

至于是否继续做突破交易，则是另外一次新的交易。

另外，本书案例的进场点和出场点的计算，均以当天的收盘价为准。这是真实交易中完全可以做到的实际价位。

| 1.4 裸 K 线交易法的底层逻辑 |

真实的交易场景有以下两个最基本的事实。

第一，交易者是在行情的波动过程中，针对未来价格变化进行"买"和"卖"，而不是形态完成后的复盘，解释已经发生的价格运动是什么以及为什么。任何交易系统都需要回答"行情的未来是什么"。无论怎样回答这个问题，是绝对的，还是概率的，抑或是分类概率的，都是试图把"未来"的不确定性变成确定性，至少是相对的确定性。因此，都有"行情预测"的基本属性，也就是交易者的主观判断。

第二，采用同样交易系统的不同交易者，即使同时交易同一品种也会存在差异，甚至是巨大的差异。这个事实表明，交易者本身在交易行为中也是重要因素。

一套好的交易法，必须从上述两个基本事实出发，同时解决好市场和交易者两个问题。市场属于市场分析的范畴。裸 K 线交易法市场分析本质上不考虑交易品种的基本面，因此属于技术分析流派的范畴。而对于交易者的问题，裸 K 线交易法则以"交易者训练"的方式解决。

1.4.1 裸 K 线交易法的技术原理

简要来说，裸 K 线交易法的技术原理有以下三条。

第一，价格包含一切。所有市场的参与者，无论是大机构还是个体交易者，只要进场进行买卖交易，都会以价格的形式记录。至于交易是根据基本面还是技术面，或是纯粹的情绪反应，这些影响因素都反映在价格中。这是技术分析派的理论基础，自然也是裸 K 线交易法的理论基础。

第二，供需关系决定价格运动。供需关系原理是所有市场经济的基础：供给大于需求，价格下跌；需求大于供给，价格上涨。交易市场也遵循这个基本原理。特定交易品种的买方（多头）代表了需求方，卖方（空头）则代表了供给方。买方力量大于卖方力量，价格就上涨，反之则下跌。

由于交易市场的买进和卖出极其便利，所以多空转化随时都可能发生。裸 K 线交易法延伸了这个原理，把市场参与者分为了"聪明钱"和"笨钱"。"聪明钱"意指大机构和成功的自由交易者，他们总是在特定的价格区间交易；而"笨钱"则是被行情带着走。结果就是"聪明钱"赚钱，"笨钱"赔钱。

"华尔街没有新鲜事，投机交易像群山一样古老。"几乎所有的交易者都知道大作手利弗莫尔的这句名言。"聪明钱"清楚地知道，价格运动通常会以某种价格结构运行，特定的价格区间往往是价格结构的拐点，是交易的优势区。在这个价格拐点区间，价格可能上，也可能下。交易者的优势不在于方向的预测，而在于交易数学导致的"高盈亏比"。方向做对了，会有一大段利润；错了，则是很小的亏损。这就是"聪明钱"的秘诀。

第三，K 线是技术分析的基础工具。裸 K 线交易者认为，行情波动的表现形式是"价格的变化"，并用 K 线的方式记录和呈现，所有市场参与者交易的都是"价格"。市场中的任何一个参与者，最终都落脚到"买"和"卖"。只要是"买"和"卖"，必然都是特定"价格"的"买"和"卖"，在 K 线图上都有唯一的对应点。因此，K 线是分析市场行情最直接、最快捷和最有效的工具。

1.4.2　基于规则的主动交易者

所有的交易系统都有一套技术分析和买卖交易的规则，裸 K 线交易法也不例外，同样是属于基于规则的交易系统。

基于规则的交易系统有很多，常见的如指标交易法。由于几乎所有的指标交易法都明确规定了买卖点，交易过程中不需要交易者进行决策，因此指标交易法属于被动交易法。

而裸 K 线交易法是主观交易法。首先，它认为所有的指标都滞后 K 线，及时性不如纯 K 线信号。其次，裸 K 线交易者相信，交易市场是一个复杂的环境，交易者的经验是非常有价值的资本。因此，裸 K 线交易法需要交易者主动做交易决策。

必然地，裸 K 线交易法相对指标交易法，衍生出两个新问题，即知识的掌握和临场的经验。解决方法就是反复学习和练习，熟能生巧。所有成功的裸 K 线交易者都有一个共性——勤奋。

第2章
裸 K 线交易法的
基础技术

| 2.1 K 线技术 |

K 线是记录价格运动的最小单元，但并不是最小的价格运动。逻辑上，最小的价格运动是单笔的交易价格，对应了单一价格点。K 线是一定时间内多次交易价格的整体记录，对应的是一个价格区间。因此，K 线是记录标准时间段内价格区间运动的最小单元。事实上，特定的 K 线除了价格信息之外，还同时确定了时间和成交量。

一般情况下，裸 K 线交易法认为 K 线的价格信息已经包容了时间和成交量这两种因素，因此只考虑特殊的时间和异常的成交量。这样处置能够建立简洁清晰的理论模型，方便交易者学习和使用。

2.1.1 K 线的技术原理

K 线是最具直观性的行情记录方法。最高价和最低价确定了价格运动的空间范围；开盘价和收盘价按时间记录了价格运动的方向和力度。

如图 2-1 所示，K 线分阳线和阴线。收盘价高于开盘价为阳线，涨，亚洲一般用红色；收盘价低于开盘价为阴线，跌，亚洲一般用绿色。

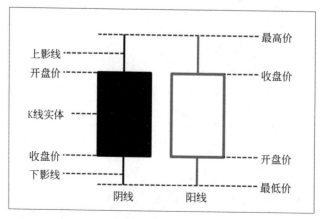

图 2-1　K 线的开、高、低、收

K 线用方框连接开盘价和收盘价，称为 K 线实体。

K 线实体外用线段连接最高价和最低价，称为影线。实体上方是上影线；实体下方是下影线。

直观上看，K 线有开、高、低、收四个确定的价格数值，分为上影线、实体和下影线三个部分，以及阴阳线的两种颜色。

一般情况下，K 线的最高价与最低价的差值称为 K 线的大小；开盘价与收盘价的差值称为实体的大小。

K 线还有两个重要衍生数值：最高价与最低价的平均值称为 K 线的中线（中点）；收盘价和开盘价的平均值称为实体的中线（中点）。有些技术分析方法，会把最高价和最低价之间的空间做黄金分割。

K 线是价格运动中供需力量对比的记录。一般把供给方（卖方）称为空方（空头），需求方（买方）称为多方（多头）。

开盘价是多空双方博弈的起始点，收盘价是博弈的结果；最高价和最低价代表了多空双方各自的极限力量。

任何一根 K 线的形成都是一个过程。以阳线为例，开盘价在下，空方的力量把价格压低到开盘价下方时，正在运行的 K 线会显示为一根阴线；随后多方发力，把价格拉回到开盘价上方，盘势上的 K 线就会变成阳线。当多方力量明显大于空方时，随着价格的上涨，阳线的实体也随之变大。多方把价格推升到最高价后，价格通常会回落，形成上影线。收盘时，多方占据优势，收盘价大于开盘价，形成红色实体。

很明显，看 K 线就是看多空博弈。K 线的颜色（阴阳）是最直观的标准；实体大小代表了优势方的力量；影线则表明了弱势方的潜在力量。

如图 2-2 所示，左侧的实体阳线，多方能够从开盘价大幅推升到收盘价；空方只能形成很短的上下影线，多方明显占据优势。右侧的长上影倒 T 线，多方只能推升很小幅度的实体；空方则能把价格从最高价压回到开盘价附近，空方明显占据优势。

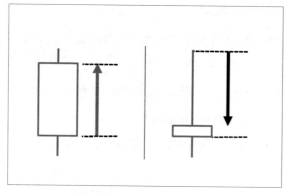

图 2-2 K 线的多空博弈

K 线的开、高、低、收四个价格有多种组合，实际行情形成了各种各样的 K 线形态。K 线技术分析中，通常会对一些特殊类型的 K 线赋予特定的意义，并命名。但是，K 线目前并没有统一的命名规则以及对应的量化标准。

K 线内在的多空博弈原理，体现了东方"道"的阴阳智慧。借鉴阴阳思想，多空博弈可以分为四种情形，并有对应的 K 线。

第一，多空逆转，即先前的优势方成为强弩之末，先前的弱势方否极泰来。

第二，优势确定，即其中一方确定明显的优势。

第三，优势持续，即优势方持续推进，弱势方节节后退。

第四，停滞，即双方阶段性势均力敌，成拉锯状态。

需要注意的是，停滞后，并不意味必然进入多空逆转。多数情况下，更可能是先前的优势方重新确定优势，形成"多空逆转—优势确定—优势持续—停滞—优势确定—优势持续"，正好对应了交易者熟悉的炒股口诀"涨不言顶，跌不言底"。这是市场更常见的情形，也是价格行为惯性的体现。

2.1.2 Pinbar 是最典型的逆转信号 K 线

Pinbar 是裸 K 线交易法中最核心的概念之一。英文中，pin 有"图钉"之义；bar 是指单根 K 线。所以 Pinbar 合起来就是图钉形状的单根 K 线，包括锤子线、倒锤子线、上吊线、墓碑线、T 字线、倒 T 字线……只要 K 线的影线在单一方向上很长，无论是上影线还是下影线，并且实体很小，都可以归类为 Pinbar。

按照看 K 线的方法，实体代表了优势方的力量，影线代表了弱势方的潜在力量。Pinbar 表明了弱势方潜在的力量明显大于优势方，这个时候 K 线的颜色就不重要了，因此其成为多空逆转的重要标志。更重要的是，Pinbar 是单根 K 线的逆转，在日 K 线图上就是当日逆转，这一点增加了逆转的有效性。

如图 2-3 所示，以 Pinbar 中最典型的锤子线为例，一般要求影线的长度是实体的两倍以上，锤子线最强势的形态是收盘价等于最高价。

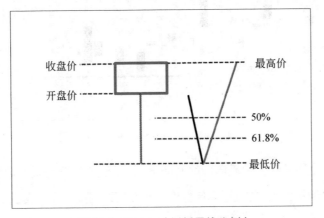

图 2-3　Pinbar（以锤子线为例）

K 线的内部结构是指 K 线的形成过程，更小时间周期的 K 线图表能够看到特定 K 线的内部结构。锤子线常见的内部结构是典型的 V 形反转。图 2-3 中的阳锤子线是收盘后的 K 线形态，盘中则会出现一根大阴线，随着盘中价格的走高，收盘变成了阳锤子线。

内部结构中的 V 形反转，内在的逻辑是多空逆转，体现在 K 线上就是长长的下影线。如图 2-4 所示，日 K 线图上的锤子线，在 30 分钟 K 线图上是典型的 V 形反转。

裸 K 线交易法把短时间内的 V 形反转作为多空可能逆转的标志，可以分为单日 V 反、双日 V 反和三日 V 反，对应 5 种类型；5 种类型加上多空两个方向，就是 10 种逆转信号 K 线。

（1）**空转多逆转信号 K 线**。其包括锤子线、看涨吞噬线、启明星（晨星）、看涨双线反转和看涨穿刺线。

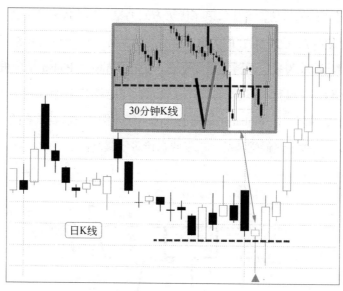

图 2-4　逆转信号 K 线的小周期 K 线图

　　图 2-5 是锤子线，是最典型的 Pinbar。锤子线的特征是长下影线，因此高、开、收三个价格接近，并且远离最低价。相互接近的高、开、收三个价格的不同组合，都是锤子线的变形，具备相同的技术含义，属于单日 V 反。

　　图 2-6 是看涨吞噬线，K 线特征是阳线包含前一根阴线，可以看成反向孕线。"包含"有两个标准：一是阳线最高价高于阴线最高价，且阳线最低价低于阴线最低价，呈现价格空间包含特征；二是阳线的开盘价低于阴线的收盘价，且阳线的收盘价高于阴线的开盘价，呈现实体包含特征。通常情况下，满足双包含关系的看涨吞噬线，有效性更强。看涨吞噬线属于双日 V 反。

图 2-5　锤子线

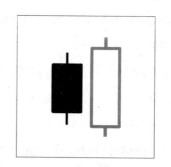

图 2-6　看涨吞噬线

有一些裸 K 线交易者会把第二天阳线最低价大于阴线最低价的双 K 线组合也视为看涨吞噬线。

图 2-7 是启明星（晨星），内部结构是三日 V 反。典型的启明星形态中，左右的阴阳线与小十字星线会有小型缺口，在内部结构中呈现岛形反转形态。盘势上，大阴线后，空方小幅跳空低开，试图再形成一根大阴线；多方顽强抵抗，当天价格窄幅波动，双方势均力敌。随后的一天，多方迫不及待展开反攻，小幅跳空高开，当天收盘价在大阴线开盘价附近，体现了多方明显的优势。

图 2-8 是看涨双线反转。K 线特征是两根并排的阴阳线，阳线的收盘价大致等于阴线的开盘价，属于双日 V 反。由于两根 K 线的最低价大致相同，内部结构有可能出现双底形态。如果双线都带有差不多的长下影线，形态就类似两根并列的锤子线，一些交易者称其为"双针探底"。

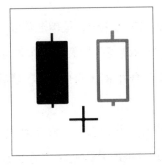

图 2-7　启明星（晨星）

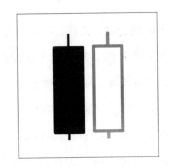

图 2-8　看涨双线反转

图 2-9 是看涨穿刺线。K 线特征是低开阳线的收盘价大于阴线的收盘价，一般要求阳线的收盘价在阴线实体的中线以上，属于双日 V 反。这是相对弱势的逆转信号 K 线，需要更多的 K 线确认。

（2）**多转空逆转信号 K 线**。其包括倒锤子线、看跌吞噬线、黄昏星、看跌双线反转和看跌穿刺线。如图 2-10 所示，多转空逆转信号 K 线技术原理与看多一样，不赘述。

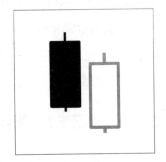

图 2-9　看涨穿刺线

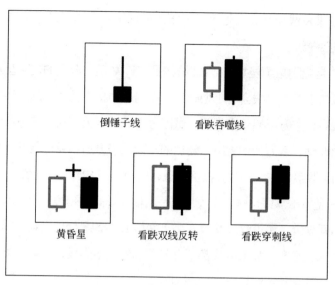

图 2-10　多转空逆转信号 K 线

（3）**K 线合并**。K 线合并是裸 K 线交易法的技巧之一，是指把两根以上的 K 线合并成一根 K 线。常用的方法是以多根 K 线的最高价和最低价作为合并 K 线的最高价和最低价，以第一根 K 线的开盘价作为合并 K 线的开盘价，最后一根 K 线的收盘价作为合并 K 线的收盘价。

以看多为例，把看涨吞噬线、启明星、看涨双线反转和看涨穿刺线合并后，都能得到一根锤子线。因此，一些裸 K 线交易者把所有的逆转信号 K 线都归类为 Pinbar。需要注意的是，通常情况下，Pinbar 是指有单向长影线的小实体 K 线，原因在于影线部分有重要的技术意义。

交易者掌握 K 线合并技巧后，就不需要学习和记忆几十种 K 线组合。从 K 线的技术原理出发，任何一种逆转都可视为 V 形反转，形态上就与看涨双线反转或是看涨穿刺线类似。而红三兵形态有三根小阳线，把它们合并就是一根大阳线。

2.1.3　大阳线 / 大阴线 / 缺口都是大 K 线

多空博弈后，如果一方获得明显优势就会出现大 K 线。所谓大 K 线，是指大实体小影线的 K 线，分别对应大阳线和大阴线。大 K 线代表了优势方的确定或是重新确定，为价格运动指明了方向。

　　图 2-11 是大阳线的常见形式。由于有缺口的存在，所以大阳线并不总是表现为大型实体的形态。通常情况下，大阳线的开盘价、最低价和中线会呈现强烈的支撑效应。

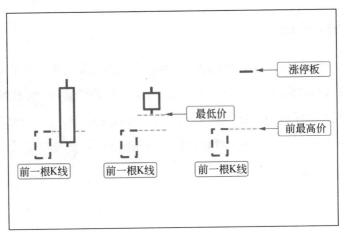

图 2-11　大阳线 / 缺口

　　图 2-12 是大阴线的常见形式，与大阳线对应。

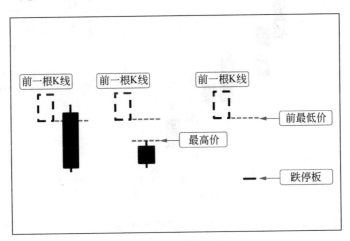

图 2-12　大阴线 / 缺口

　　缺口是 K 线的特殊形态，是优势方更强有力的价格行为，具备明确的方向指示性。缺口的技术特征是相邻两根 K 线没有价格重叠的部分。以看多为例，严格意义上的缺口是指，后一根 K 线的最低价高于前一根的最高价。一些交易者把后一根 K 线的开盘价高于前一根的收盘价也视为缺口。

需要注意的是，缺口并不总是强势的技术信号。炒股口诀有"逢缺必补"的说法，说明多数情况下，短期会回补缺口。但是，如果出现了不回补的缺口，往往意味着中期趋势的开始。

2.1.4　持续 K 线

持续 K 线通常是指优势方确定后，价格沿着优势方的方向持续运动。

如图 2-13 所示，两个黑色三角形标注了向下的持续 K 线，K 线特征是最低价和最高价持续走低。①和②两根 K 线尽管当日没有创新低，但是也没有涨过相邻 K 线的最高价。只要盘势上的 K 线持续出新低，做多的交易者就只能场外观察，不能进场交易。

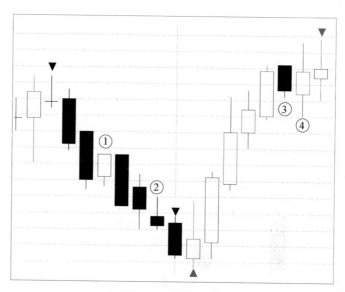

图 2-13　持续 K 线

两个红色三角形分别标注了向上的持续 K 线的起点和终点。③之前的 K 线是标准的持续 K 线形态，随后的每一根 K 线都是新高和更高的低点。③与其后的两根 K 线都有新高，通常情况下也算是持续 K 线形态。

2.1.5　停滞 K 线

停滞 K 线通常是指多空双方暂时势均力敌，盘势表现为小阴线和小阳线重叠。图 2-14 中红色三角形对应的都是停滞 K 线形态。需要注意的是，停滞 K 线多数情况下意味着优势方的暂时休整，只有多次停滞后，才可能出现真正的多空逆转。例如，图 2-14 中①的位置，即使出现了看跌大阴线，也并没有真正改变多方的优势。

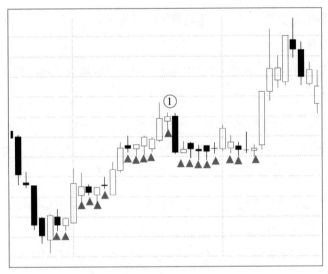

图 2-14　停滞 K 线

| 2.2　形态学技术 |

技术分析中的形态学，需要分析多根 K 线的走势。多根 K 线，通常是指十几根到几十根 K 线。多根 K 线通常记录了价格运动更大空间和时间范围内的价格行为。

力量相对均衡的多空双方在有限的价格区间内，通过较长时间的充分博弈，在盘势上形成了各种类型的形态。各种形态的形成源于多空力量在拉锯战中的此消彼长。

交易者在学习形态学的时候切忌望文生义。例如，不要以为"双顶"就一定是顶部，很多情况下可能是更大形态的内部结构；同样也不能以为"上涨三角形"就一定会上涨，一些情况下也可能会大幅下跌。

裸 K 线交易者学习形态学的意义有二：一是在技术分析中广泛使用形态学术语；二是在多数情况下，形态学技术确实很有效。

2.2.1　形态学的技术原理

技术分析在讨论形态学的时候有一个隐含逻辑。西方经典技术分析的出发点是研究趋势运动，很大程度上认为所有的价格行为都是趋势运动的特定阶段，并在此基础上建立了"底—顶"模式。"底—顶"模式中，价格行为分为趋势价格行为和非趋势价格行为。其中，非趋势价格行为又分为反转形态（底部形态、顶部形态）和持续形态。

形态学研究的对象是非趋势价格行为，盘势呈现横向运动的特征，背后是多空双方的博弈。从"底—顶"模式的定义可以得出以下几个结论。

第一，任何一个形态前面都存在一段趋势。

第二，当多空力量相对平衡的时候，趋势运动从持续状态进入停滞状态，盘势呈现横向运动的特征。

第三，形态学有两个研究方向：一是研究横向运动本身的特征；二是研究特定形态之后的趋势方向。

因此，我们研究形态学，就能从形态内部结构中寻找交易机会。K 线是小幅度的价格运动，趋势是大幅度的价格运动，形态的价格运动通常介于两者之间。由于市场绝大多数时间的价格运动属于特定形态的横向运动，所以交易者需要在特定形态的内部结构中寻找高质量的交易机会。

需要注意的是，多数的形态通常会持续较长的时间，并且分类较为繁杂。交易者在横向运动的早期和中期，很难做出有效的判断。因此，裸 K 线交易者关注的重点是刚刚完成的形态，或是即将完成的形态。对于正在进行的形态，则采用辅助线的方法处理。

2.2.2　反转形态

在"底—顶"模式中，底或顶是先前趋势的最低点或最高点，底（最低点）或顶（最高点）附近的横向运动就是反转形态。

多数情况下，反转形态包括"趋势停滞—最低点（最高点）—横向运动—形成颈线—突破颈线（最重要的辅助线）"，这五个重要的价格行为构成了特定的反转形态。

反转形态分为底部形态和顶部形态。

（1）**底部形态**。从下跌趋势的尾声到新的上涨趋势开始，整个过程都属于底部形态。通常情况下，相对于顶部形态，底部形态持续的时间更长。

如图 2-15 所示，头肩底由三次下跌、两次反弹，加上一次突破构成。三次下跌形成三个低点（底），其中第二次下跌是最低点，称为头，左右两个低点分别是左肩和右肩。头肩底的技术特征是三次下跌的幅度依次减小，表明空方的力量逐渐减弱；两次反弹的幅度在增加，表明多方逐渐占据优势，随后以更大的幅度上涨并突破颈线（两次反弹高点的连线），结束了头肩底形态。

如图 2-16 所示，双底也称为 W 底。形态由两次下跌、一次反弹以及测试成功后的突破构成。依据反弹高点画的水平线是颈线。两次下跌形成两个低点（底），第二个底可以高于、约等于或是小幅低于第一个底。双底的技术特征是通过第二次下跌，验证了第一个底有明确的支撑效应。

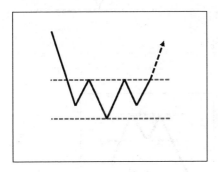 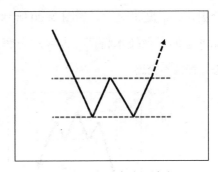

图 2-15 头肩底 　　　　　　图 2-16 双底（W 底）

如图 2-17 所示，三重底有三个大致相等的底部。两次反弹和第二次、第三次下跌的幅度相等，反弹高点的连线是颈线。一些交易者认为，相对于双底，三重底两次测试了支撑线，可以主观判断为更牢固的底部。

如图 2-18 所示，圆弧底是长期下跌后，跌幅趋缓，价格窄幅运动。随着时间的推移，价格不再创新低，并缓慢抬高，盘势上呈现圆弧状。以左侧圆弧开始的位置画水平线作为颈线，当价格突破颈线后，通常会大幅上涨。圆弧底的技术特征是长期的价格窄幅运动。

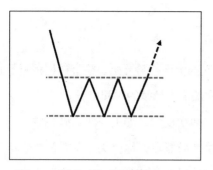

图 2-17 三重底

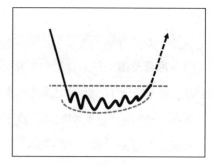

图 2-18 圆弧底

如图 2-19 所示，V 形底是指价格快速下跌后，立即大幅度上涨。V 形底的技术特征是持续时间短，价格波动大。通常情况下，急速反弹的幅度是先前下跌段的 50% ~ 61.8%。

（2）**顶部形态**。从上涨趋势的尾声到新的下跌趋势开始，整个过程属于顶部形态。相对于底部形态，顶部形态的价格波动速度会更快，幅度也更大。如图 2-20 所示，顶部形态的多数技术特征，大致对应底部形态，在此不赘述。

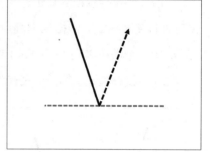

图 2-19 V 形底

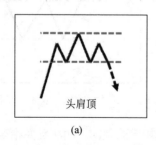

头肩顶

(a)

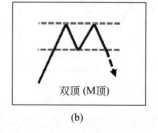

双顶 (M顶)

(b)

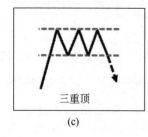

三重顶

(c)

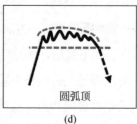

圆弧顶

(d)

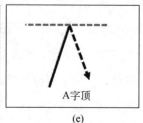

A字顶

(e)

图 2-20 顶部形态

2.2.3　持续形态

持续形态是"底—顶"模式中的大型暂时停滞形态。由于形态学已经假设了持续形态是趋势的中间状态，因此随后的价格运动会延续先前趋势的方向。交易者要牢记，真实的走势中，形态学的假设并不总是正确的，切忌被形态学的命名误导。

（1）**旗形**。旗形通常出现在强趋势后，价格运动形成倾斜（与趋势反方向）的小型通道，随后再次同向趋势运动。向下倾斜的叫牛旗；向上倾斜的叫熊旗（见图 2-21）。

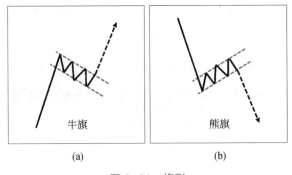

图 2-21　旗形

（2）**三角形**。三角形最重要的技术特征是价格的收敛，代表先前优势方逐渐重新确定优势。如图 2-22 所示，通常情况下，以上升趋势中的三角形为例，三角形突破后的涨幅大致等于底边的幅度（见左侧的两根红色箭头线）。

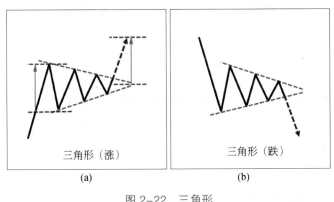

图 2-22　三角形

如图 2-23 所示，三角形的上边线成水平线就是上升三角形；下边线成水平线就是下降三角形。通常情况下，这两种三角形的指示性更强。

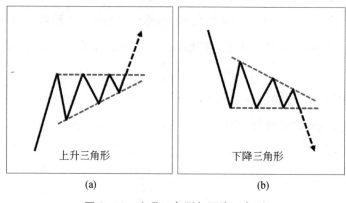

图 2-23　上升三角形与下降三角形

（3）**矩形**。连接低点的下沿线和连接高点的上沿线，大致成一组水平的平行线，这样的形态就是矩形。参照先前的趋势方向，分为上涨矩形和下跌矩形（见图 2-24）。

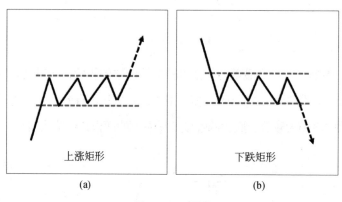

图 2-24　矩形

（4）**楔形**。连接低点的下沿线与连接高点的上沿线成收敛形态，就是楔形。楔形是相对复杂的形态，重要的楔形形态有可能是先前趋势变弱的标志，随后展开逆趋势，或者更大的持续形态的价格运动。所谓"重要"，有三个参考标准：一是关键水平线（阻力线／支撑线）附近的楔形形态；二是持续的时间相对较长；三是价格波动的范围较大。

如图 2-25 所示，看跌楔形通常是阶段性顶部的信号，技术特征是创新高的力度逐渐变弱，直到不再出新高，并且不能触及上沿线（压力线），跌破下沿线（趋势线）后，阶段性顶部确定。

看涨楔形通常在阶段性底部出现，技术特征是创新低的力度逐渐变弱，多方逐渐获得优势，突破上沿线（压力线）后，价格上涨。

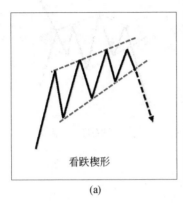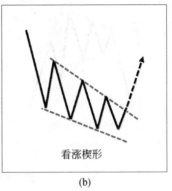

看跌楔形 (a)　　看涨楔形 (b)

图 2-25　楔形

（5）**破轨**。通道型趋势上涨中，一些交易者把价格向上突破通道线称为破轨。破轨成功形通常会以更强势的趋势上涨；破轨失败形多数情况下会急速下跌，成为阶段性顶部（见图 2-26）。

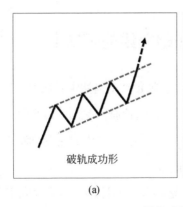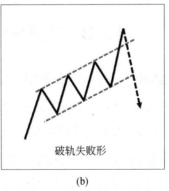

破轨成功形 (a)　　破轨失败形 (b)

图 2-26　破轨

（6）**扩张**。多数的持续形态是"扩张到收敛"的形态，这是持续形态走势对路的标志之一，随后很可能持续先前的趋势运动。但是，持续形态也会出现"收敛到扩张"的形态。相对于收敛，扩张的技术特征是价格运动的波动幅度加大，意味着多空双方分歧加大和重大博弈，这会削弱优势方的优势。

如图 2-27 所示，扩张（喇叭）形是三角形的对称形式，价格从收敛到扩张，上沿线和下沿线形成喇叭状。价格有效跌破下沿线后，多数情况会下跌。

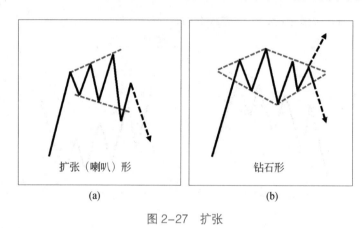

图 2-27　扩张

钻石形是"喇叭形 + 三角形"的复合形态，呈现"收敛—扩张—再收敛"的形态。

通常情况下，小型的钻石形通常会持续先前的趋势运动；大型的钻石形很有可能是阶段性顶部。

| 2.3　支撑线和阻力线的画法 |

支撑线和阻力线是水平线辅助线，属于裸 K 线交易法中最基本、最核心、最重要的技术工具，所以怎么强调都不为过。在讨论画法之前，再次强调一下，裸 K 线交易法是基于规则的主观型交易法。由于存在交易者的主观判断，所以支撑线和阻力线的画法没有所谓的标准或是唯一画法。

要牢记画支撑线和阻力线的目的，是制订交易计划。当价格向下运动的时候，交易者画支撑线，试图利用支撑线找到可能止跌（价格停滞）以及逆转的小型区间。当价格向上运动的时候，交易者画阻力线，试图利用阻力线找到可能止涨（价格停滞），以及逆转的小型区间。

2.3.1　基础画法

在 K 线图上，如图 2-28 所示，交易者很容易"看到"，或者是"感觉到"图中存在一系列的水平线。

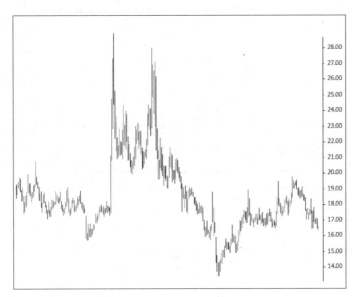

图 2-28　水平辅助线

当价格运动到这些水平线的时候，会逆向运动，而且会多次重复。当价格有效突破某一根水平线后，通常会继续同向运动一段距离，直到下一根水平线。

一系列的水平线把价格运动从空间上进行了分割。相邻的两根水平线就形成了一组"支撑线 + 阻力线"的组合。有些交易者把这样的组合称为"箱体"。交易者认为价格就是在一系列的箱体中运动，要么持续在同一个箱体内运动，要么突破进入另外一个箱体运动。

很明显，价格运动不可能是标准的完美运动。在水平线附近，价格运动的极限价格可能够不到水平线，也可能突破一点点。因此，所谓"线"，其实是一个小型区间。

如图 2-29 所示，支撑线和阻力线的基础画法如下。

第一，目测，在可能存在水平线的位置画出一条水平线。

第二，挪动水平线，尽量多地接触区间 K 线的四个价格（开盘价、最高价、最低价、收盘价）。以接触最多的水平线作为支撑线或是阻力线。

第三，重复前两个步骤，画出新的水平线。

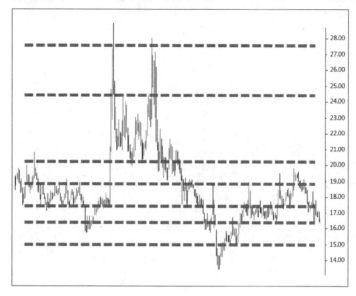

图 2-29　水平线基础画法

这样画出来对吗？对，水平线的画法正确，每一根水平线都符合基础画法的规则。

但是，不合适！因为有太多的水平线。太多的水平线导致图表繁杂，而且没有重点。

2.3.2　画法再讨论

掌握水平线的基础画法后，需要掌握对交易更重要的画法要点。

裸 K 线交易者是实践型的交易者，一直都在试图寻找高质量的交易机会。因此，交易者关心的是最近的价格走势，以及是否可能会有高质量的交易机会。

如图 2-30 所示，交易者首先要从最后一根 K 线（对应红色三角形）出发，找出最近的摆动低点（Swing Low，SL）和摆动高点（Swing High，SH），并在图中标注。

以当前 K 线位置、SL、SH 为出发点，按照水平线基础画法的规则，画出三条水平线。

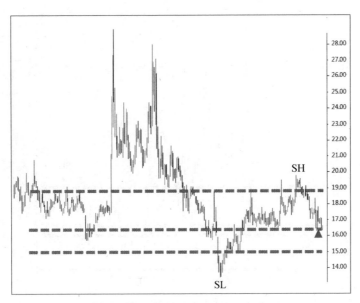

图 2-30　基于交易的水平线画法（1）

这样，交易者就看得很清楚，当前的价格在上下两条水平线之间运动，中间的水平线有可能是回撤的支撑线。

图 2-30 中的三条水平线能够为交易者提供做交易计划的依据吗？对于裸 K 线交易者，至少是谨慎的裸 K 线交易者来说，这是不可以的。从第 1 章的案例中，细心的读者应该知道，裸 K 线交易者的区间交易，一般只有两条水平线，即支撑线和阻力线。

裸 K 线交易者通常会在图 2-30 的基础上，从寻找交易机会的角度，进行再调整。调整如图 2-31 所示。

第一，根据最近的 K 线，画出①号水平线。

第二，根据 SH 向左侧延伸并调整，画出②号水平线。

第三，根据 SL，画出③号水平线。由于图 2-31 中没有更多的历史 K 线，所以这条线是大型下跌趋势（从图中最高点）是否持续的标志。如果出现新低，就是下跌趋势持续。

第四，回到①号水平线，依据基本规则画出最近的下一根水平线，标注为④号水平线。

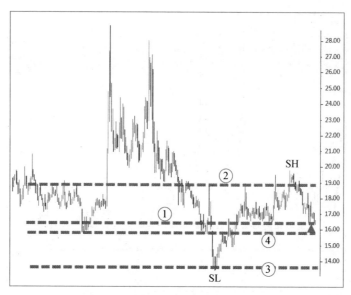

图 2-31　基于交易的水平线画法（2）

继续调整，如图 2-32 所示，由于①号水平线和④号水平线距离很近，属于典型的小型区间，因此，支撑线既不是①号水平线，也不是④号水平线，而是两线组合的区间。

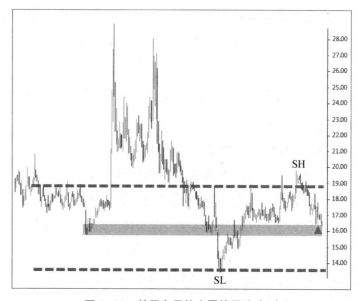

图 2-32　基于交易的水平线画法（3）

调整之后的支撑线和阻力线如图 2-33 所示，交易者采用区间交易策略做交易计划，满足盈亏比大于 2，是一个优良的交易机会。

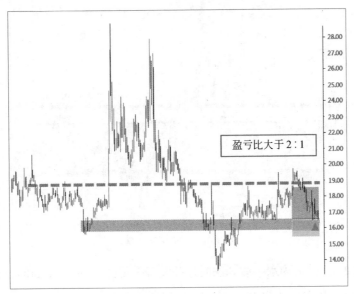

盈亏比大于 2：1

图 2-33　基于交易的水平线画法（4）

基于交易的水平线，将图 2-31 中的①号水平线和④号水平线调整为图 2-32 中的价格区间，扩大了支撑线的范围。在实际交易中，谨慎的交易者会更耐心地等一等；激进的交易者则会更合理地设置止损单的位置。

2.3.3　关键水平线

裸 K 线交易法中，关键水平线（Key Level）是与 Pinbar 同样重要的术语。关键水平线最重要的特征是必须满足"压力支撑互换"的条件。在满足这个条件的同时，如果有触线（接近也算）急促逆向运动，或是突破后持续大段运动，抑或是出现缺口，则效果更好。

如图 2-34 所示，两条灰色水平线均符合关键水平线的要求。注意与图 2-32 中的水平线区别开来。

交易者在关键水平线附近做交易，能够获得更大的交易优势。裸 K 线交易者会期待在这个区间附近出现信号 K 线，再进场交易。

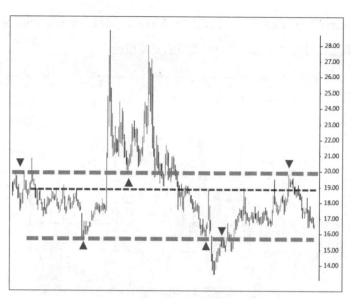

图 2-34　关键水平线

　　在图 2-32 讨论的水平线画法时，并没有采用图 2-34 最上面的一根关键水平线作为分析和交易计划的阻力线，尽管阻力线实际在此位置（图 2-34 较细的水平线对应了图 2-32 最上面的一根水平线）。

　　原因在于价格从最近的摆动高点运动到最近的 K 线期间，没有反弹至图 2-34 最上面的一根关键水平线，并且在红色水平线下方位置形成了明显的阻力。依据交易计划的谨慎性原则，选择红色水平线作为当下的阻力线更为合理。

　　但是，交易者要相信关键水平线的技术作用。若后续价格向上运动，突破了红色阻力线，那么交易者要清楚地知道：随后市场就要攻击灰色关键水平线形成的阻力位置，受阻回落的可能性很大，从而导致价格运动形成对红色阻力线的假突破。对于在支撑区间进场的交易者来说，在红色阻力线之上，灰色关键水平线之下，是很好的离场区间。

2.4　趋势线的画法

　　趋势是价格纵向运动的描述。为了区别价格的横向运动，技术分析对趋势做了基础的定义。价格运动按照方向分为向下运动和向上运动，对应的术语是下跌趋势和上涨趋势。

下跌趋势表现为依次出现更低的低点（Lower Low，LL）和更低的高点（Lower High，LH），形成"下跌—反弹—再下跌出新低—再反弹出更低的高点"的价格走势。上涨趋势则是依次出现更高的高点（Higher High，HH）和更高的低点（Higher Low，HL），形成"上涨—回调—再上涨出新高—再回调出更高的低点"的价格走势。

根据趋势定义画的辅助线就是趋势线。

2.4.1　趋势的标注

裸 K 线交易者在价格结构分析时，通常会做标注。以上涨趋势为例，图 2-35 中的价格从摆动低点（SL）开始，向上运动到摆动高点（SH），之后回落。回落的过程中，交易者不能判断是否为一轮上涨趋势的开始。如果回落的低点高于先前的摆动低点（SL），并且随后的上涨突破了摆动高点（SH），两个条件先后都满足，交易者才可以认为新的上涨趋势出现了。交易者在后续的分析和跟踪中均以 HH 和 HL 标注。

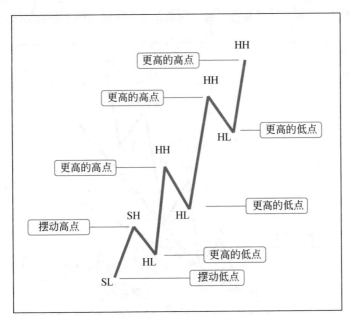

图 2-35　趋势的标注

2.4.2 趋势线的基础画法

事实上，现有技术分析中，关于趋势线的画法并没有严谨的统一规则。一般来说，下跌趋势是连接两个明显的高点；上涨趋势则是连接两个明显的低点。

如图 2-36 所示，分别画出了下跌趋势线和上涨趋势线。

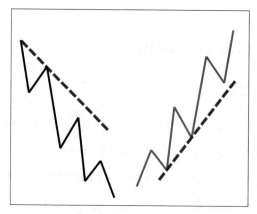

图 2-36　趋势线的基础画法

对于实践派的裸 K 线交易者，基于趋势线基础规则画出的趋势线并不能让人满意。如图 2-37 所示，交易者得到了两条斜率差异很大的上涨趋势线。

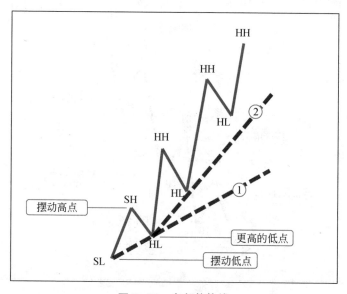

图 2-37　多条趋势线

① 号线是以 SL 和第一个 HL 作为基点，画的上涨趋势线。

② 号线是以第一个 HL 和第二个 HL 作为基点，画出的上涨趋势线。

两条上涨趋势线的画法都是对的，只要价格在任何一条趋势线上方运动，做多的交易者都可以认为是价格维持强势。

但是，如果以趋势线作为进出场的标志，破①号趋势线离场就有点晚，会回吐更多的浮盈。如果以上涨趋势中价格触及趋势线（价格第三次触及同一条趋势线）为进场标准，图 2-37 中若后续的上涨趋势为强趋势，会导致两条趋势线都没有进场机会。若后续走势为普通趋势，基于进场规则，①号线的进场位置是第二个 HL，②号线的进场位置是第三个 HL。

因此，关于趋势线的基本画法，有以下三个经验性的结论。

第一，价格在趋势线上方，强势。

第二，趋势早期，进场可以侧重于①号线。

第三，趋势中后期，交易的重点是离场，以②号线为关注点。

另外，技术分析中，关于趋势线还有一个"三点确认"的规则。所谓"三点确认"，就是三个降低的顶部确认下跌趋势；三个抬高的底部确定上涨趋势。如图 2-37 中的多个低点（SL+HL），选两个画出趋势线后，要有第三个 HL 触及趋势线，之后才能确认趋势线成立。笔者认为，"三点确认"的规则主要适合通道结构的上涨趋势。对于强势的上涨趋势结构，会有确认时间偏晚的弊端。

2.4.3　趋势线的画法再讨论

如同水平线的基础画法一样，趋势线的基础画法也会画出多条趋势线。因此有必要再对趋势线画法进行讨论。

任何一段上涨趋势，前面的走势要么是一段下跌趋势，要么是一段横盘走势。如图 2-38 所示，无论前面的价格结构是什么，都会与上涨趋势的早期运动形成一个支撑线加阻力线的区间结构，可以认为是一个底部区间运动。裸 K 线交易者通常会把突破阻力线后的价格运动视为趋势段，这样的观点在图上就会出现两个特点：一是压力支撑互换；二是互换之后趋势线通常更稳定，有明显的参考意义。

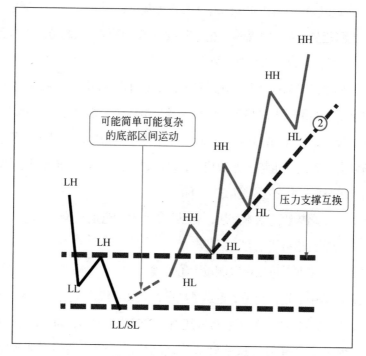

图 2-38　阻力线与趋势线

因此，倾向于中线的裸 K 线趋势型交易者会以图 2-38 中红色的 HL 作为进场点，并作为随后上涨趋势的第一个低点，等待价格再次新高后回调的低点出现，才画出上涨趋势线，作为后续跟踪和交易的辅助线。

2.4.4　均线的趋势意义

真实的价格运动在绝大多数情况下，都不会是教科书上以折线图表示的完美形式。以趋势运动为例，通常会出现短时间破趋势线的实际价格运动，一般称为毛刺。毛刺主要是 K 线的影线，也可以是少数的 K 线实体。事实上，交易品种受外部影响（例如大盘），有时候可能出现更剧烈的逆趋势运动。

裸 K 线交易法在趋势明朗阶段，一般会采用均线跟踪趋势。

在日线图上，图 2-39 中的走势通常会持续好几个月，甚至一年多。很明显，一路下跌确定底部后，做了很长一段时间的横向运动。之后突破底部区间，走了两段上涨趋势。交易者利用均线能够更好地分析价格结构。如图 2-39 所示，20均线跟踪中期走势，60 均线跟踪长期走势。

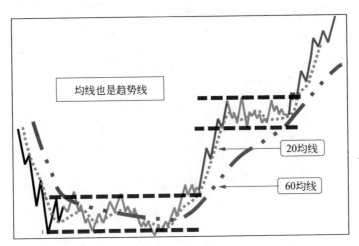

图 2-39　均线的趋势意义

对于具体的交易品种，均线设置什么样的参数更合理有效，交易者需要自行调试。

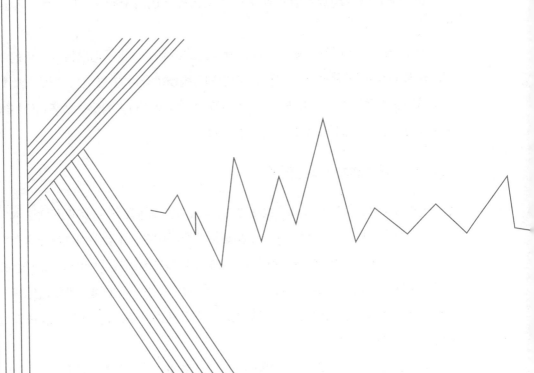

第**3**章
裸 K 线交易法的
技术分析

|3.1 价格运动的技术原理|

价格运动的技术原理需要回答以下两个问题。

第一,价格以什么样的方式运动。

第二,价格为什么会在特定的时空点,以特定的方式运动。

很明显,所有的技术分析理论都试图回答上述两个问题,但是都不尽如人意。

裸 K 线交易法坦然接受了技术分析理论的不完美,也不追求技术分析的完美。裸 K 线交易法另辟蹊径,把交易数学和传统技术分析方法结合,形成了侧重于交易实践的理论体系。本书主要以道氏理论,以及威科夫的价格循环和价格结构作为理论基础,分析裸 K 线交易法的技术。

3.1.1 交易视角的道氏理论

《道氏理论》是技术分析的奠基之作,所有的交易者都应该认真阅读这本小册子。查尔斯·H.道试图建立市场价格运动的科学体系,主要采用统计学这个数学工具,记录和分析价格运动的规律,图 3-1 是道琼斯运输业股价平均指数①的长期走势图。但是,只要是有人主动参与的领域,几乎不可能建立类似自然科学的纯粹科学体系。道氏理论的第三条假设"道氏理论并不总是正确",意味着道真诚地承认了这个事实。

在讨论道氏理论之前,再次强调一下道研究市场的工具是"统计学"。行情是历史的重复,很大程度上体现为统计数据的重复。

---

① 道琼斯运输业股价平均指数(Dow Jones Transportation Average, DJTA)是古老的道琼斯指数之一。在道的时代,被称为道琼斯铁路平均价格指数,基准日期为 1896 年 10 月 26 日。如今常说的"道琼斯指数"指的是道琼斯工业平均指数(Dow Jones Industrial Average, DJIA),它的基准日期为 1896 年 5 月 26 日。

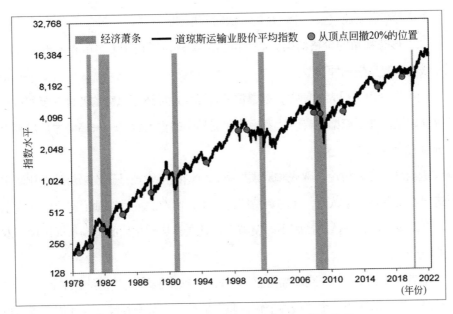

图 3-1　道琼斯运输业股价平均指数长期走势图

　　道所处的时代，记录行情都是一项艰巨的挑战。道创造的"道琼斯指数"以日线数据为基础，因此奠定了日线图在技术分析和交易中的基础地位。即使以毫秒计的量化程式交易大行其道，也并没有撼动这个基础事实。

　　道氏理论主要讲了三大块内容：时间视角的三种运动、形态视角的价格结构和指数相互验证。

　　（1）**时间视角的三种运动**。道氏理论把市场分为主要趋势运动、次级运动和日间波动。

　　按照威廉·彼得·汉密尔顿在《股市晴雨表》一书中的解释，主要趋势运动是市场的整体运动（牛市或熊市），通常历时 1 ~ 3 年，一般不会少于 1 年的时间；次级运动是指牛市中的回调或是熊市中的反弹，持续时间为 1 ~ 3 个月；日间波动是不重要的日间价格波动。

　　如果把主要趋势运动视为月线图的趋势，次级运动视为周线图的趋势，加上基础的日线图，道在阐述三种运动分类的时候，其实首先从时间的视角把价格运动进行了分类，对应的交易策略则是长期、中期和短期。

　　道氏理论关于价格运动的时间框架对于裸 K 线交易者非常重要。任何一个裸

K 线交易者都需要建立长、中、短的三级时间框架。

（2）**形态视角的价格结构**。道把价格结构分为了趋势（牛市和熊市）、顶/底和线性窄幅盘整三种类型。

道氏理论用了很大的篇幅，浓墨重彩且详尽地描述了趋势的各种细节和对应的统计数据，毫不掩饰地告诉读者趋势在交易中的重大意义——趋势才是最有交易价值的价格运动。

道氏理论主要讨论了双底和双顶形态，讨论的出发点是研判趋势的变化。牢记这一点很重要。道认为，在趋势持续过程中，假双底或假双顶形态可能多次出现。以做多为例，道认为抄底不如突破，也就是趋势变化后的进场点远远优于双底进场点。

笔者一直认为，"线性窄幅盘整"（Lines）这个概念是道送给裸 K 线交易者最好的礼物。道认为一个"线性窄幅盘整"的形态一般会持续 2 ~ 3 周，或是更长的时间，价格在 5% 的窄幅区间运动。这个区间意味着吸筹或是派发，随后的价格运动方向会告诉市场的真相。

"线性窄幅盘整"这个概念可以说是交易数学能够发展的事实基础，因为这是明确的交易优势区，交易者能够获得很高的盈亏比。更重要的是，交易者的时间成本也不高，几周之后就会有结果。

（3）**指数相互验证**。道建立了铁路平均价格指数和工业平均价格指数，市场主要趋势运动的变化必须得到这两种指数的同时验证。只有两种指数都进入牛市或是熊市，才能得出市场进入牛市或是熊市的结论。指数相互验证可以不同时发生。

事实上，这一点是道氏理论被诟病最多的地方。随着时间的推移，上市公司的数量和行业都发生了巨大的变化，基于美国工业化早期的两种指数确实落后于时代的发展，不能继续提供有效的指数相互验证。

道提出"指数相互验证"的出发点反映了他长期观察到的一个基本事实：股市是经济的晴雨表。在道的时代，铁路平均价格指数和工业平均价格指数确实能反映经济预期的两种指数。市场永存，人生有限，以这一点去诟病，甚至推翻道氏理论是以偏概全。

"相互验证"对于裸 K 线交易者来说，是一个重要的基础概念和有效工具。尽管很多裸 K 线交易者相信，只看交易品种的 K 线图就可以了，没有必要参考其他品种。笔者认为，日线以下的交易者可以这样做；日线及日线以上的交易者最好能够参考交易品种的关联品种，或者大盘类的指数，从而在主观判断和决策时，多一分把握。当然，裸 K 线交易者一定不能选太多参考品种，1 ~ 5 个就足够了。

以上关于道氏理论的讨论明显不同于一般技术分析的框架和角度。一般的技术分析偏重于行情解释和可能的预测。而裸 K 线交易法完全从寻找高质量的交易机会出发，对于各种理论的学习和掌握来说更侧重于交易实践。

3.1.2　威科夫的价格循环和价格结构

威科夫与道最根本的差异在于：道认为市场不可能被操纵，至少主要趋势运动不可能被操纵；威科夫则认为，市场的参与主体中，确实存在一些资金雄厚的聪明钱，而聪明钱的交易行为在一定程度上决定了市场运动的方向。

威科夫认为市场的真相是聪明钱与其他参与者的零和博弈，聪明钱赚的就是其他参与者亏的。这个游戏表现的形式是筹码换手，聪明钱低买高卖，其他投资者低卖高买。由于筹码换手会以"价量"的关系在图表上留下特殊痕迹，所以威科夫创造了价格循环和价格结构两个模型：价格循环建立了价格运动的内在原理；价格结构阐述了聪明钱低买高卖的技术细节。

（1）**威科夫价格循环**。图 3-2 是威科夫价格循环的简化示意图。如图 3-2所示，圆弧的底和圆弧的顶是两个横盘区间，分别代表了吸筹区和派发区。连接吸筹区和派发区是一段上涨趋势，同样地，连接派发区和吸筹区是一段下跌趋势。行情在吸筹区表现为超卖，在派发区则表现为超买。上涨趋势阶段，买方力量大于卖方力量；下跌趋势阶段，卖方力量大于买方力量。

站在聪明钱的视角，价格循环运动是从下跌趋势开始的。聪明钱要么使用派发区剩余的筹码，要么高买低卖，总之利用资金优势在市场上突然提供大量的卖方力量，引导市场参与者形成下跌预期，并执行卖出操作，在图表上就表现为放量大跌。当价格跌到支撑位附近，聪明钱开始缓慢收集筹码，并把重视时间成本的短线投机者挤出场，这个过程在图表上就表现为横盘区间运动。强势品种的区间会出现更窄幅的收敛，与道阐述的"线性窄幅盘整"基本上一致。之后，聪明钱大肆买进，突破吸筹区的阻力线，引导市场形成上涨趋势的预期，市场因此出现大量的买方力量，共同把价格推升到某个阻力位附近，价格循环也就进入了派发区。在派发区，尽管市场其他参与者纷纷买进，但是聪明钱的大量卖单抵消了这样的买进力量，在图表上则表现为放量滞涨。

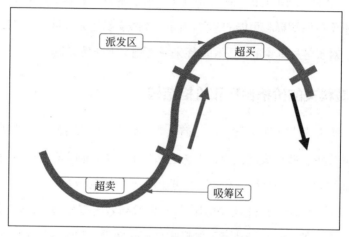

图 3-2　威科夫价格循环

跟随聪明钱的成功交易者，充分了解价格循环的真相。只有当价格放量突破吸筹区阻力线，进入上涨趋势阶段才会果断介入，并在放量滞涨的时候及时离场。

亏钱的市场参与者则是在派发区进场，因为价格终于出现回调了。然后陪着聪明钱走完派发和下跌阶段，在新的吸筹区与聪明钱完成筹码换手，并等待下一个派发区再次进场。

（2）**威科夫价格结构**。威科夫价格结构是裸 K 线交易法从寻找交易机会的角度，衍生出来的概念，与原始的威科夫理论有一定的差异。很明显，威科夫的价格循环模型是一个原理性的价格运动模型，描述了最基本的价格运动循环结构：横盘运动—趋势运动（上涨）—横盘运动—趋势运动（下跌）。事实上，市场中实际价格运动的真实情形远比这样的简化模型要来得更复杂。因此，裸 K 线交易法从交易的视角，可以把威科夫价格循环模型分为两种基本价格结构，即简单价格结构和复杂价格结构。

如图 3-3 所示，对于简单价格结构，裸 K 线交易者只关注吸筹区突破后的趋势运动。按照这样的策略，无论是主动止盈卖出，还是趋势线破位卖出，都能够把握一次盈亏比约 2 : 1 的优质交易机会。

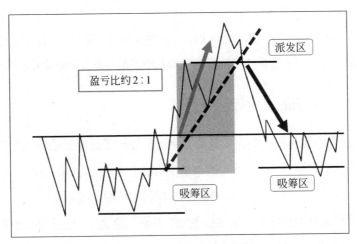

图 3-3　威科夫简单价格结构

如图 3-4 所示，裸 K 线交易法认为威科夫的价格循环中，第二个窄幅价格区间是一次"再吸筹"区间，从而形成：横盘运动（吸筹）—趋势运动（上涨）—横盘运动（再吸筹）—趋势运动（上涨）的复杂价格结构。

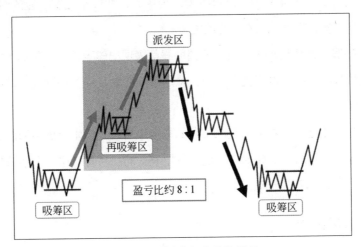

图 3-4　威科夫复杂价格结构

若交易者在第一轮上涨后选择不离场，那他便主观认为市场后续形成的价格结构可能是如图 3-4 所示的复杂价格结构，而不是如图 3-3 所示的简单价格结构。此主观判断令交易者需要承担判断失败的损失，判断失败的结果可能是回吐大量的浮盈，甚至是平手离场。但是，如果主观判断正确，那么这样的交易计划就能获得盈亏比约等于 8 的回报。

交易实践中，当价格突破吸筹区后，不同的交易者会采用不一样的交易策略和交易计划。偏短线的交易者青睐简单价格结构；中长期交易者则更偏爱复杂价格结构。

3.1.3 价格运动的三大经验特征

人类漫长的交易历史中，无数的交易大师发现了价格运动的三个重要特征，并试图解释背后的原理。由人参与的市场不可能出现一一对应的因果关系，各种解释并没有获得公认。但是，这不影响交易者学习和使用，因为几乎所有的交易大师都发现了价格运动中经常出现的某些现象，并利用这类经验在市场中获得盈利。

市场的价格运动有三个重要特征，分别是惯性、对称和磁吸。

（1）**惯性**。惯性就是运动会维持目前的状态，除非有外力改变。在价格运动中表现为：横盘走势通常会继续横盘；趋势运动也不会轻易结束。

（2）**对称**。对称是自然界中一种常见的现象，运动也经常呈现对称特征，例如钟摆运动。如图 3-4 所示，以再吸筹区为中心，两段上涨有明显的对称特征；而整个价格结构，也呈现左右对称的关系。

（3）**磁吸**。价格运动中，特定的辅助线都表现出磁吸效应，包括支撑线、阻力线、趋势线和均线。价格在运动中，总是会间接触及这些辅助线，就像被吸铁石吸引一样。

很遗憾，上述三个特征从交易实践的角度来看属于技术分析中形而上学的概念，难以成为实际的交易规则。但是，多数成功的交易者对这三个经验特征均有个人独特的感悟和应用方式。

3.1.4 价格摆动

价格摆动是裸 K 线交易法技术原理到技术分析的关键概念。摆动由摆动高点

（SH）、摆动低点（SL），以及两者之间的 K 线构成。

但是，由于不同时间周期框架的干扰，所以很难严谨定义出一段摆动。例如，日线图上一段明显的摆动，在周线图上只是摆动的一部分，甚至仅仅是一个没有完成的单根 K 线。即使是在同样的日线图上，趋势下跌中的反弹，哪些是摆动，哪些不是摆动，也是各有判断，难有共识，尤其是在价格持续运动的时候。

很明显，摆动是一段趋势运动，也是高质量的交易机会。事实上，裸 K 线交易者总是在试图抓住一段摆动。

参看图 1-8，区间运动的支撑线买、阻力线卖，做的是区间内的一次摆动。在图 3-3 中，突破吸筹区买，从摆动的中间顺势进场，做的是摆动的后半段。在图 3-4 中，交易者认为突破吸筹区，是一段大型摆动的起始点，试图把握一段大型摆动。

上述三种交易策略，就是裸 K 线交易法常用的三种交易策略。这三种策略暗含价格运动的三大经验特征。图 1-8 和图 3-3 应用了惯性，图 3-3 还应用了对称，两者都利用了辅助线的磁吸效应。图 3-4 主要应用了惯性和对称。

| 3.2 区间结构的技术分析 |

按照技术分析的一般阐述，价格在相对固定的区间保持横向运动，这样的价格结构就是区间结构。

但是，交易者打开任何一个交易品种的 K 线图，都会惊讶地发现，任何一根 K 线，既可以认为是在区间运动，也可以认为是趋势运动。放大周期看，几乎都是区间运动。这个事实验证了基本面派的观点：任何一个有价值的交易品种，价格既不可能涨破天，也不可能远低于自身的内在价值。

如何定义区间结构也就因此成为技术分析的难题。回看历史走势，一个一个区间显而易见，但是这些区间是相对独立的区间，还是大区间内的小区间，则很难有定论，更不要说研判未来的可能走势了。这也是一般技术分析易学难用的原因之一，困扰了无数的交易者。

裸 K 线交易法本质上并没有贡献新的分析技术，而是从寻找交易机会的角度，重构了经典的分析技术。裸 K 线交易法确定区间结构，充分体现了化繁为简、注重实践的交易哲学。

首先，从潜在的获利空间出发，盈亏比大于 2 的确定区间是基本条件。其次，利用惯性经验特征，三次拐点后才被视为可能是区间结构。

如图 3-5 所示，左侧是下跌，右侧是上涨，区间都满足盈亏比约等于 2。

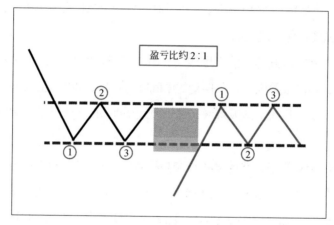

图 3-5　区间结构的形成

左侧下跌中，①和②形成了支撑线和阻力线，③二次确认了支撑线。激进的做多交易者可以在③进场，稳健的交易者则会在价格再次接近支撑线的时候进场，在阻力线附近主动卖出。

右侧上涨中，①和②形成了阻力线和支撑线，③二次确认了阻力线。做多的交易者则会在价格再次接近支撑线的时候进场，在阻力线附近主动卖出。

裸 K 线交易法处理区间结构的方法，尽管不完美，但是能够为交易者建立切实可行的交易架构，进而确定交易策略，拟订交易计划，执行交易。

如果价格不再回撤支撑线，直接上涨，怎么办？裸 K 线交易者通常有两种方式应对：一是价格走区间结构的主观判断失败了，没有交易机会；二是可以利用图 3-3 和图 3-4 的策略，把这个区间视为吸筹区。

总之，裸 K 线交易法从寻找交易机会出发，利用经典的市场分析技术，通过定义可交易的区间结构，构建起一整套技术分析体系，并在此基础上衍生出各种交易策略。因此，区间结构是裸 K 线交易者需要重点学习和掌握的基本功。

牢记裸 K 线交易法的关键点，依据辅助线寻找交易的优势区。交易优势区通常应该满足盈亏比约等于 2。

裸 K 线交易法中，区间结构包括三块内容：主区间、支撑线 / 阻力线附近的小型区间，以及区间结构的内部价格运动。

3.2.1　主区间的识别和确认

区间结构的主区间是指有交易机会的两条水平线构成的区间。主区间的识别和确认就是阻力线和支撑线的识别和确认。裸 K 线交易法重视的是潜在交易机会，并不以行情分析和解释为主，因此支撑线和阻力线的确定有两个要点：一是就近原则，尽量以最近的一根 K 线做参考，尤其是可以归属为信号 K 线的 K 线；二是要满足盈亏比。

当然，如果其中有一条水平线能够接近某条关键水平线，就要以关键水平线为首选。

如图 3-6 所示，左下角是上涨，因此按照①②③确认区间结构后，就确定了主区间的两条水平线。右侧是下跌，大幅下跌后按照①②③确定区间结构。在这个区间，支撑线是先前的阻力线，属于关键水平线；阻力线②③没有选择两个红色三角形，原因就是以红色三角形做②③确定主区间结构，盈亏比不够 2。

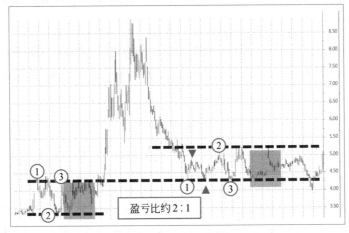

图 3-6　主区间结构的确定（1）

如图 3-7 所示，①②③确定区间结构，支撑线有前面缺口支撑，属于关键水平线。阻力线采用了水平线的基础规则，触及了更多的小型顶部。后续的走势验证了这根阻力线也是关键水平线。

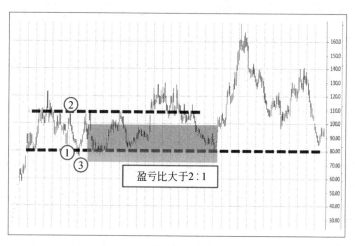

图 3-7　主区间结构的确定（2）

总结一下，主区间的支撑线以关键水平线为佳；顺趋势的区间结构更有做多优势。

3.2.2　支撑线 / 阻力线附近的小型区间

既然支撑线和阻力线不是一根线，而是一个小型区间，裸 K 线交易法进场就要重点研究这类小型区间。

如图 3-8 所示，中间是日 K 线图，上下分别是阻力线和支撑线附近的 30 分钟 K 线图。很明显，在 30 分钟 K 线图上，清晰地呈现出小型区间的内部结构，比日线更早出现了信号 K 线。

裸 K 线交易者通常会在支撑线和阻力线附近，采用更小时间周期的 K 线图，例如使用日线做交易的投资者，会在 60 分钟、30 分钟甚至 5 分钟的 K 线图上，寻找更有优势的进场点。

所谓更有优势，主要体现在盈亏比上。通常情况下，30 分钟 K 线图上的进场止损点大致会是日 K 线图的 50%。在图 3-8 中，30 分钟 K 线图上的进场点会是 4.10 元 /

股左右，日 K 线图上则会在 4.20 元 / 股左右，止损位置均以 4.00 元 / 股计算；如果止盈点以 5.00 元 / 股计算，日 K 线图的盈亏比大约是 4；30 分钟 K 线图则大约是 9。从交易数学的角度来看，这是巨大的差异。当然，采用小一级时间周期做进场规划也有弊端，由于采用了太紧的止损位设置，导致有更大的可能性会被止损。

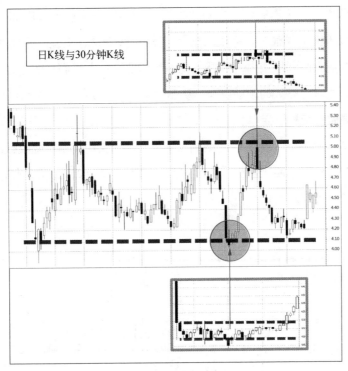

图 3-8　支撑线 / 阻力线附近的小型区间

　　需要说明的是，估算盈亏比采用了 4.00 元 / 股和 5.00 元 / 股的整数位，实践中这样处理是不合适的。原因在于整数数值不合适作为止损点和止盈点。实践中，止损以 3.97 元 / 股更为合理，比 4.00 元 / 股低，也比 3.98 元 / 股低；止盈同样不要选择 5.00 元 / 股的整数数值，而是选择 4.92 ～ 4.97 元 / 股的数值为佳。

　　这样定义出来的区间结构过滤了多数的横盘运动，是一种相对标准的区间运动，通常会以小型趋势运动的方式触及支撑线和阻力线，可以采用止损被动离场和止盈主动离场的方式处置，基本上不理会区间内的价格运动。同时，持续的时间也不长，属于短线交易策略。

3.2.3　更大的区间结构

上述关于区间结构的讨论更多的时候是窄幅收敛结构，也就是道氏理论的"线性窄幅盘整"结构。道研究的是指数，因此提出5%的收敛区间。对于股票类的交易品种，区间通常会大于指数的波动范围，与个股的历史波动率有关。

在日线图上，这类窄幅收敛区间往往是更大区间结构的小型区间，即更大区间运动的吸筹区（或派发区）。因此，对于裸K线交易者来说，更有价值的交易机会是：在更大时间框架内，窄幅收敛结构出现在关键支撑线附近，同时距离历史关键阻力位有足够大的波动空间，从而获得一个"吸筹区（派发区）—突破—趋势"的高质量交易机会。

如图3-9所示，下侧的区间结构在更大时间框架中，是窄幅收敛的吸筹区，突破后触及了更高的阻力位。吸筹区的盈亏比稍微大于2，而在更大的区间结构视角下，盈亏比则大于8。

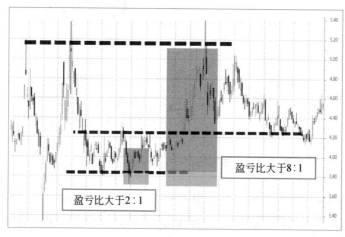

图3-9　更大的区间结构

3.2.4　区间结构的内部价格运动

区间结构的内部价格运动，主要有以下两种特征。

（1）**左侧高点的阻力作用。**如图3-10所示，将左侧的高点和右侧的临时性顶部两点连线，就会画出一根水平线，成为小型的阻力线。在区间结构的内部运动中，价格运行到左侧高点附近的时候，通常会成为阻力，形成临时性的顶部。

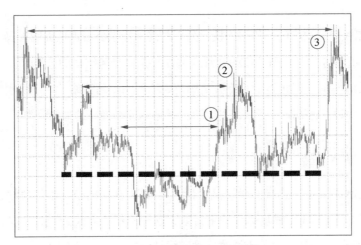

图 3-10　内部价格运动的特点

（2）**对称**。在区间结构中，运动的对称性随处可见。以图 3-10 中价格运动的空间数值为例，左侧两段下跌大致相等，是对称；右侧两段上涨也大致相等，同样是对称。左侧两段下跌当成一段下跌趋势，右侧两段上涨也当成一段上涨趋势，左右两段趋势的数值也大致相等，还是对称。

双向的假突破也属于对称。如图 3-11 所示，当价格在支撑线附近形成假突破后，随后的上涨往往也可能会在阻力线附近出现假突破，形成对称的假突破。

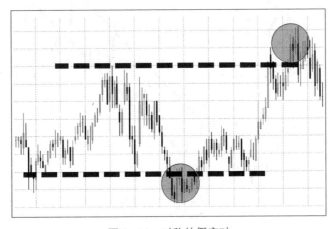

图 3-11　对称的假突破

|3.3　趋势结构的技术分析|

裸 K 线交易法中的趋势结构技术分析与其他技术分析理论大同大异。大同是指都在分析趋势，大异则是指裸 K 线交易法最重视趋势结构的分类。

通常情况下，不同类型的趋势结构对应不同的交易策略。在交易实践中，很多交易者看对了趋势却亏了钱，主要原因就是不理解趋势结构的分类。

3.3.1　通道线

在上涨趋势中，连接两个更高的低点（HL）就画出了一根趋势线，再以更高的高点（HH）画一根趋势线的平行线，这根平行线就是通道线。在趋势上涨阶段，趋势线是价格运动的支撑线，通道线是价格运动的阻力线。

趋势运动中，价格在趋势线和通道线形成的倾斜平行通道中运行，体现了价格运动的惯性特征。两线对于价格均有磁吸效应，通常情况下，趋势线的磁吸效应更明显一些。如图 3-12 所示，价格会以更多的次数触及趋势线，而触及通道线的时候往往会及时出现遇阻调整的特点。

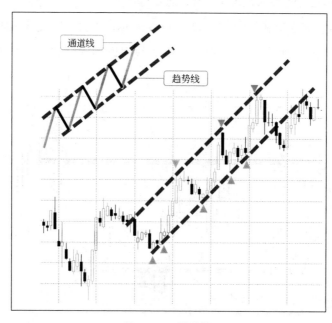

图 3-12　通道线

如图 3-13 所示，如果把倾斜的趋势线和通道线扭转为水平状态，其结构与区间结构大同小异，并呈现出与区间结构相似的运动特征。因此，区间结构的分析方法和结论，很大程度上适用于趋势中的通道结构。例如，趋势线附近可以采用"小型区间结构"的方法。

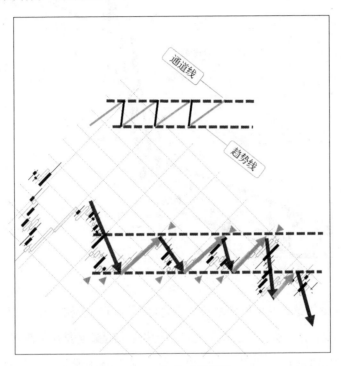

图 3-13　扭转上涨通道

区间结构的内在逻辑是横向运动，趋势运动的内在逻辑是纵向运动。由于两者内在逻辑不一样，所以通道线往往会被趋势的加速运动打破，出现变轨。

变轨是指趋势线的角度出现明显的变化。以上涨趋势为例，趋势线的斜率变大，修正趋势线后，再以更高的高点（HH）画出通道线，从而获得新的通道。

如图 3-14 所示，①号通道是缓慢的爬升，趋势线的斜率相对较小，通道线的阻力明显。当价格突破①号通道后，价格快速上涨，形成了斜率极大的②号通道。②号通道结束后，价格宽幅震荡，形成了斜率近似①号通道的③号通道，呈现上涨乏力的特点，很可能进入了派发区。

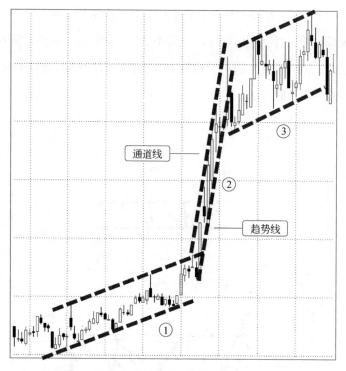

图 3-14　变轨

　　值得注意的是，如果趋势以通道结构运行，当时间足够长，并且空间也足够大的时候，变轨往往会失败。这样的价格行为通常是趋势结束的前兆。如图 3-15所示，通道变轨失败，逆转信号 K 线出现，上涨趋势出现了结束的早期信号。

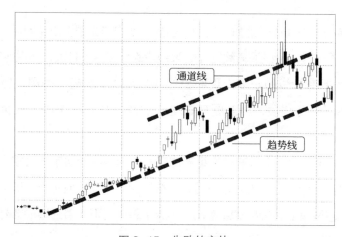

图 3-15　失败的变轨

　　还有一种常见的情形是弱势的通道结构。弱势的通道结构表现为，趋势的中后期，价格获得支撑线的支撑后向上运动，但是往往难以触及通道线。如图 3-16 所示，更高的高点（HH）尽管继续出现，但是距离通道线越来越远，这是趋势弱势的标志。如果持续的时间足够长，在接近通道线的过程中，出现逆转信号 K 线，则可能是趋势结束的标志。

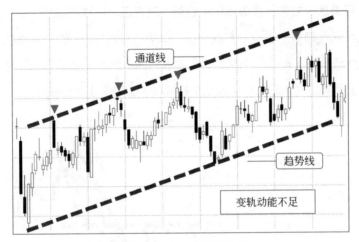

图 3-16　弱势的通道结构

　　弱势的通道结构往往与区间结构很类似，其实也可以看成是区间结构。多数情况下，弱势的通道结构可以归类为楔形形态，属于更大时间周期内的次级运动。

3.3.2　趋势的强度

　　强势的趋势会快速上涨，很难触及交易者设置的止损单。这样的情形就是"买了就涨，就大涨"，给交易者带来丰厚的利润。弱势的趋势则往往伴随着深度回调，且会触及交易者设置的止损单，出现交易者"看对了行情却亏钱"的情形。

　　趋势的强度表现为价格在趋势方向运动的距离、速度，以及持续的时间。为了有效分析特定趋势的强度，裸 K 线交易法首先要对趋势进行分类。

　　借助威科夫价格循环原理，趋势可以分为以下三种类型。

（1）**吸筹区—趋势—派发区**。这是威科夫的标准价格循环结构。

（2）**吸筹区—趋势—反向趋势**。这样的情形常见于区间结构，价格在支撑线的小型区间完成吸筹，上涨到阻力线，并在阻力线的小型区间完成派发；还可能出现在主要趋势运动的次级运动中，也就是大型上涨的回调，或是大型下跌的反弹。

（3）**吸筹区—趋势—再吸筹区—趋势—派发区**。这样的趋势，一般会把"趋势—再吸筹区—趋势"看成一整段趋势。如图 3-17 所示，整个上涨趋势由两段上涨（见红色箭头）构成，中间有一个再吸筹区。两段上涨事实上又是分别由更小的小段上涨构成的，图中用 4 段小型趋势线（①②③④）标注。

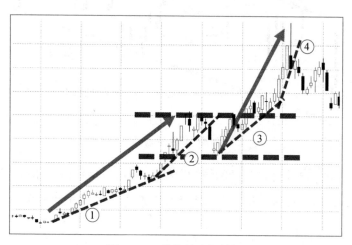

图 3-17　趋势的内部结构

很明显，借助威科夫的价格循环原理，可以得出符合多数情况下的结论。

"吸筹区—趋势—再吸筹区—趋势—派发区"的趋势强度大于"吸筹区—趋势—派发区"，"吸筹区—趋势—派发区"大于"吸筹区—趋势—反向趋势"。

图 3-17 表明，多数真实的趋势运动，通常是由多段小型趋势组合的复杂趋势。而基于"线或线段"的趋势线和通道线等技术方法，通常只能研判一段标准的趋势。针对复杂趋势的分析，很多裸 K 线交易者采用了均线跟踪的方法。一般情况下，20 均线解决了中期趋势的持续问题，60 均线解决了长期趋势的持续问题。当 20 均线的第一轮趋势结束形成再吸筹区的时候，60 均线清晰地表明，更大周

期的趋势仍旧在持续（参见图 2-39 ）。

　　裸 K 线交易者使用均线研判趋势的时候有两个标准：一是均线数值；二是均线缺口。

　　如图 3-18 所示，很多交易者采用 60 均线跟踪长期趋势，可以有效避免"再吸筹区"导致的误判断。很明显，如果长期趋势能够获得更短周期均线的趋势支撑，例如 30 均线，则表明了特定阶段的趋势更加强势。

图 3-18　均线与趋势强度

　　因此，在能够包容再吸筹区的情况下，跟踪趋势均线的数值越小，趋势的强度越大。这个方法既适用于同一品种的不同阶段，也适用于不同品种的同期对比。

　　一些裸 K 线交易者在使用均线跟踪趋势的时候，采用了"均线缺口"的概念（见图 3-18）。均线缺口是指在上涨趋势中，价格回调的最低点没有触及均线，所形成的"缺口"；或是在下降趋势中，价格反弹的最高点没有触及均线，所形成的"缺口"。在图 3-18 的左侧，趋势的早期阶段，价格调整触及了均线，图中黑色箭头显示出价格回调与均线形成了一个明显的"均线缺口"，通常预示了随后可能是一段高强度的小型趋势运动。随后的走势也验证了这个判断。

　　在图 3-18 的右侧，在价格运行下跌趋势的过程中，下跌的早期也出现了小的均线缺口，表明随后的下跌的强度可能会很大。在图 3-18 的右下侧，价格反复触及 60 均线，表明该下跌趋势可能接近尾声，或是可能出现一个横盘走势。

3.3.3 强趋势结构

强趋势回撤最重要的特征之一就是不重新测试阻力线，也就是很少有"压力支撑互换"的情形。

对于图 3-19 中三根水平线，①号线作为阻力线被突破后，回撤远离①号线，回调到三角形的位置掉头向上，并没有出现压力支撑互换的情形。针对②号线的回撤同样没有触及②号水平线，但是回调的相对幅度更大一些。针对③号线的回调则触及先前的阻力线。由此同样可以研判，第三小段趋势的强度在减弱，这是趋势可能结束的信号。

图 3-19 强趋势的回撤

熟练的裸 K 线交易者都会直接使用 K 线研判趋势的强度。一般采用先看顺趋势方向的 K 线，后看逆趋势方向的回调 K 线。

　　强势的趋势中，顺趋势方向的 K 线通常表现出强趋势的特征。如图 3-20 所示，首先是以明显的大阳线突破区间结构的阻力线（见图 3-20 中下侧的②号大阳线），预示随后可能出现强势的趋势。其次，在整个趋势过程中，顺趋势 K 线有以下四个特征。

　　第一，经常出现大阳线。

　　第二，大阳线很少有上下影线，或是上下影线很小。

　　第三，缺口，大型缺口，甚至是连续的缺口，并且在趋势没有结束之前不回补缺口。

　　第四，如图 3-20 中的①②③④，K 线之间少重叠，甚至不重叠。

图 3-20　强趋势的顺趋势 K 线

　　图 3-20 中的大型趋势可以看成三段小型趋势的组合。

　　第一小段：四根无上影线大阳线；②号线突破阻力线；②③之间、③④之间均有缺口；①②③④四根 K 线无重叠。因此，这一段趋势非常强。

第二小段：三根大阳线，加上一个大型缺口，同样强势。

第三小段：出现了带上下影线的 K 线，并且 K 线之间有重叠，强度明显不如前面两个小段，预示顶部即将到来，随后的走势也验证了这个判断。

强趋势的回撤主要依托相邻大阳线进行调整。图 3-21 显示了逆趋势 K 线的特征。图中两个圆圈分别对应了第一小段和第二小段的回调。第一小段回调低点没有超过大阳线的下影线；第二小段的回调是在涨停板形成的缺口上方完成的。如果把第二小段涨停板后的高位跳空阳线做一下处理，假设当天平开（开盘价与前一天收盘价几乎一样），其实体部分就应该从前一天的涨停板位置起算，K 线就是一根平开大阳线。这样处理后，图中两次回调的共同点就是都依托了相邻的大阳线，并且都在这根大阳线的范围内完成了调整。

图 3-21　强趋势的逆趋势 K 线

强趋势中的逆趋势 K 线，有可能出现大阴线。多数的逆趋势 K 线会有长的上下影线，同时表现为多根 K 线重叠。

3.3.4　正常的趋势结构

多数情况下，市场的价格运动是正常的趋势。正常的趋势结构最重要的特征是阶梯形上涨，以"突破阻力线创新高（HH）—回撤阻力线形成更高的低点（HL）"展开，不断地出现"压力支撑互换"的技术形态。

如图 3-22 所示，①号线是趋势逆转的阻力线，突破后按照趋势的定义，随后的价格运动很可能会出现上涨趋势。

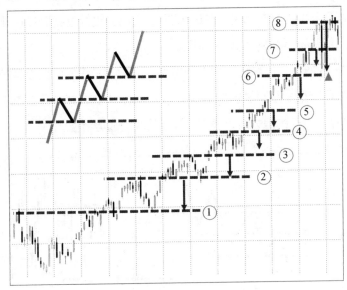

图 3-22　正常趋势的回撤（呈阶梯形）

在随后的上涨过程中，更高的高点（HH）出现后形成新的阻力线，以重新测试先前阻力位的方式形成更高的低点（HL），并完成压力支撑互换。这样"进二退一"的趋势结构呈现出阶梯形的特征。

阶梯形的趋势结构能够为交易者提供多个高质量的交易机会，多数的裸 K 线交易者都擅长交易这种趋势结构。很明显，对于阶梯形的趋势结构，根据 HH 和 HL 依次画出水平线，并关注回调过程，就能够有效分析和跟踪。

图 3-22 中对于①②号线的回撤，是标准的压力支撑互换，价格触及先前的阻力位后，天花板变地板，价格很快就顺趋势方向运动。对于③④⑤⑥号线的回调，则没有触及先前的阻力线，表明趋势的强度在增加。在涨到⑧号线回撤⑦号

线的时候（见图中右上角红色三角形），价格击穿了⑦号线，也就是先前的支撑线，这是趋势即将结束的标志。

正常趋势结构中的顺趋势 K 线，通常以中阳线居多，有时候会出现小型缺口，多根 K 线有重叠现象。逆趋势 K 线则以小阴线居多，小阴线也通常带有上下影线。

3.3.5　弱趋势结构

弱趋势结构中的回撤，通常会击穿先前的阻力线，然后在更小的时间周期上确认先前的阻力线成为支撑线。在日线图上，"压力支撑互换"往往伴随着假突破的走势，这是弱趋势结构的典型特征。

如图 3-23 所示，以红色三角形为参考点，对①号线的回撤没有触及先前作为阻力线的①号线，是强势的特征。随后的回撤，以红色三角形为参考点，回撤的低点均击穿了先前的阻力线，表明了该趋势段的弱势特征。

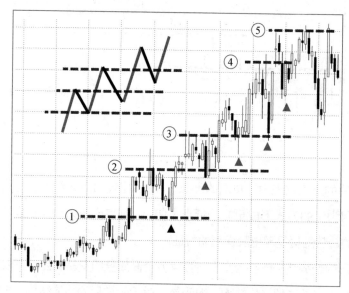

图 3-23　弱趋势的回撤

弱趋势结构中的顺趋势 K 线，常有大阳线，但是不常见连续的大阳线。缺口也不多见，即使有也会很快回补缺口。顺趋势中的其他阳线，通常带有上下影线，且多根 K 线相互重叠。弱趋势结构的逆趋势 K 线，常见实体大阴线。

3.3.6　趋势结构的数值分析

有一些裸 K 线交易者会使用数值分析的方法研判和跟踪趋势。以上涨趋势为例，"HH—HL"结构可以看成是"长的向上摆动—短的向下摆动"。

如图 3-24 所示，AB、CD 和 EF 是向上的摆动段，以红色线段表示；BC、DE 和 FG 是向下摆动段，以黑色线段表示。由于向上的摆动段大于向下的摆动段，自然就形成"HH—HL"的上涨趋势。

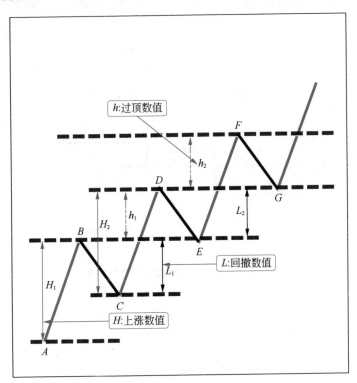

图 3-24　趋势结构的数值分析

任何一个向上摆动段的上涨绝对数值，都是上涨数值，以 H 表示。图 3-24 中的 AB 向上摆动段的上涨数值就是 H_1，CD 的上涨数值就是 H_2。

任何一个向下摆动段的回撤绝对数值，就是回撤数值，以 L 表示。图 3-24 中的 BC 向下摆动段的回撤数值就是 L_1，DE 的回撤数值就是 L_2。

B 是 AB 摆动段的 SH，D 是 CD 摆动段的 SH，两个相邻向上摆动段的 SH 之间（BD）的绝对数值就是过顶数值，以 h 表示。图 3-24 中的 BD 过顶数值就

是 h_1，DF 的过顶数值就是 h_2。

上涨趋势结构中，存在多组"长的向上摆动—短的向下摆动"的组合。交易者使用这三个数值分析工具能够更精细地分析和跟踪趋势运动，一般是相邻两段对比。上涨数值 H_2 与 H_1 比较，H_3 与 H_2 比较；回撤数值 L_2 与 L_1 比较，L_3 与 L_2 比较；过顶数值 h_2 与 h_1 比较，h_3 与 h_2 比较。

图 3-25 显示了同一段上涨趋势，数值分析分类标注。通过分类标注，可以清晰显示出趋势结构重点关注的三个要点，即上涨、回撤，以及突破力度（过顶数值）。

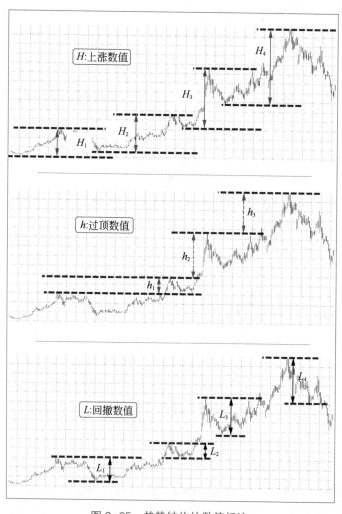

图 3-25 趋势结构的数值标注

实际使用的时候，采用数值列表进行比较，也可以图形化进行比较。

在图 3-26 中，②和①比较，H_2 大于 H_1，L_2 小于 L_1，向上摆动更大，回撤更小，趋势结构在变强。

③和②比较，H_3 大于 H_2，L_3 大于 L_2，同时 h_2 大于 h_1。通过比较能够发现，价格在加速上涨，波动幅度明显加大。更好的标志是突破有力，而且幅度很大。在③阶段，趋势结构健康发展，可以期待出新高。

④和③比较，H_4 大于 H_3，L_4 大于 L_3，这是趋势健康的表现。但是，h_3 小于 h_2，表明④的突破力度不如③，这是不好的信号。由于已经出现了 4 个向上的摆动，所以有经验的交易者会意识到，趋势可能接近尾声了，很可能出现横盘运动，或是反向趋势运动。

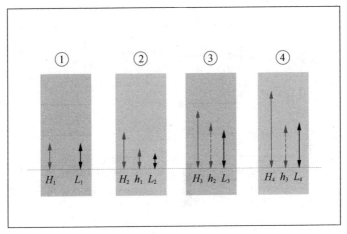

图 3-26　趋势结构的数值比较

3.3.7　趋势结构可能结束的标志

任何趋势都会有结束的时候。交易者在趋势尤其是大型趋势来临的时候，不要轻易判断趋势即将或是已经结束了。

在人类投机历史中，出现过无数的大型趋势运动，特定交易品种最终的极限高点会远远超过人类的想象力。

如图 3-27 所示，特斯拉代表了新兴产业市场化成功之后的巨大上涨空间；HKD（尚乘数科，NYSE：HKD）呈现了特定个股仅仅依靠技术层面的动能，超短线能够创造的趋势奇迹；右下侧的个股则显示了一轮牛市行情中，市场上演"鸡犬升天"的戏码，绝大多数的个股都会实现巨大的涨幅。

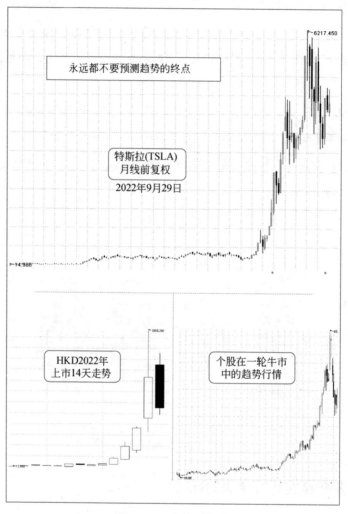

图 3-27　上涨不言顶

同样地，熊市下跌也会跌过头。如图 3-28 所示，美国科技股 Snap 一年左右的时间下跌了 90%，并且有一定的概率永远回不到历史高点。

但是，裸 K 线交易者总是会在某个特定的时候，主观研判特定的趋势结构，因为这个时候通常会提供高质量的交易机会。研判趋势结构可能结束主要有 3 个工具，即趋势线、均线和趋势结构破坏。

图 3-28 下跌不言底

（1）**趋势线**。下跌趋势中，尤其是在趋势本身持续的时间足够长和下跌幅度足够大的情况下，出现价格涨破趋势线的情形，通常是趋势结构可能结束的信号。

图 3-29 是自 2007 年 6 月开始的美元兑日元周线图，交易品种在周线图中经过了长期下跌，持续了数年的时间。在这样的背景下，趋势线的突破往往是趋势可能结束的早期信号。

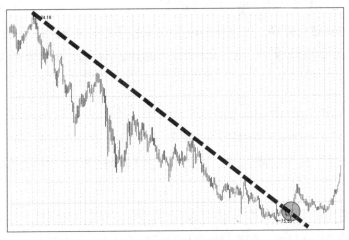

图 3-29 突破趋势线

（2）**均线**。60 均线是裸 K 线交易者跟踪长期趋势的少数工具之一，适用于所有时间周期。将图 3-29 中的下降趋势改用 60 均线来分析，如图 3-30 所示。当 60 均线走平后向下拐头，意味着下跌趋势确立。之后，在整个下跌趋势中，60 均线清晰地表明了趋势的方向，并表现出磁吸效应和阻力作用。在价格多次触及 60 均线，并突破之后，是趋势结构可能结束的重要信号。

图 3-30　突破均线

均线技术分析趋势的要点是，下跌趋势运动中，均线要有明确的磁吸效应和阻力作用；出现两次以上的触及均线的反弹；价格突破均线后，均线开始走平并轻微拐头；走平后的均线开始呈现支撑作用。

（3）**趋势结构破坏**。下跌趋势中，依次出现更低的低点 LL 和更低的高点 LH。当反弹高于相邻的 LH 时，就破坏了下跌趋势的结构。这是趋势结构可能变化的重要标志。

如图 3-31 所示，折线显示出一个头肩底。价格不出新低（右肩），并突破代表颈线的 LH 后，整个下跌趋势的结构破坏了。在此之前，尽管出现了 3 ~ 4 次反弹，但都没有出现同样的情形。由此也证明了趋势结构破坏是趋势结束的重要标志。

当趋势结构破坏后，如果短时间内在顺趋势方向重新出新低（新高），则是破坏了失败的趋势结构。相反，如果短时间内不出新低（新高），则交易者可以主观认为随后可能出现横盘运动，或是逆向趋势运动。

在图 3-31 中，从 LL（头肩底左肩）反弹到 LH 后，价格出现了新低 SL（头肩底的头）。这个时候，下跌趋势仍旧在持续。从极限低点开始反弹的高点为 SH，并没有高于 LH，第二次反弹并没有改变趋势结构。随后的调整并没有出现新低，形成了头肩底的右肩 HL，从 HL 开始的上涨突破了 LH 代表的颈线。

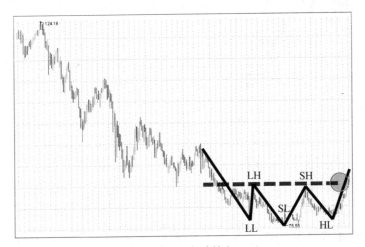

图 3-31 突破前高

当价格突破 LH 后，破坏了下跌趋势的结构；从 SL 开始到突破颈线，三小段折线已经形成了新的上涨趋势。

在研判趋势结构可能结束的 3 个工具中，通常情况下，趋势线会最早给出信号；随后是跟踪趋势的均线；结构破坏则需要更长的时间才能给出有效信号。

3.3.8 趋势结构实时跟踪分析

关于趋势结构可能结束的讨论已经远比一般的技术分析要深入，但是距离裸 K 线交易者的真实交易分析还有一些距离。实时研判与盖棺定论，两者之间有很大的差异。前面的案例讨论是走势结束后的技术分析，属于历史走势分析。这样的分析与交易者真实的场景并不吻合。对于交易者来说，案例中的交易品种下跌趋势确定后，就需要跟踪趋势结构的演化，并寻找可能的高质量交易机会。

如图 3-32 所示,当价格跌破前低 HL,反弹没有新高,交易者就要依据 HL 画出一条水平线。随后的价格跌破水平线,并完成"支撑压力互换"后,就要画出第一条下跌趋势线。

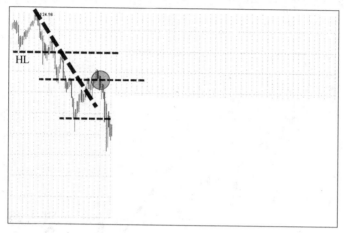

图 3-32   趋势结构跟踪(1)

当第一条关键水平线(完成了"支撑压力互换")和第一条下跌趋势线画出来后,裸 K 线交易者会清楚地知道,在价格没有突破下跌趋势线之前,市场是空头行情,高质量的交易机会都必须是顺趋势的做空。

连续的下跌之后,出现了突破下跌趋势线的重要反弹。交易者根据实际走势,在 HL 的下方画出了一组水平线,上面的是阻力线,下面的是支撑线。当价格突破阻力线又回到阻力线下方的时候(见图 3-32 中圆圈位置),交易者会主观认为反弹结束了,价格会重新沿着趋势方向运动,这里就是一个高质量的做空机会。

随后的价格运动出现了新低,这个时候,交易者就要调整下跌趋势线。

如图 3-33 所示,以反弹的高点画出第二根下跌趋势线后,继续跟踪下跌趋势。熟练交易者都知道,多数的趋势结构都是正常强度的。因此,下一次支撑压力互换的位置又是一次高质量的做空机会。

当价格跌破先前的支撑位,再次反弹的时候,在图 3-33 中圆圈位置再次出现了"支撑压力互换",交易者会再次做空的情况,第一目标就是下跌趋势先前的低点。

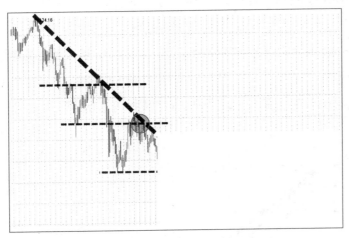

图 3-33 趋势结构跟踪（2）

如图 3-34 所示,价格跌破先前的低点后,再次反弹突破第二根下跌趋势线。接着反弹失败继续下跌,交易者就要画第三根下跌趋势线。这个时候,裸 K 线交易者通常会继续在左侧圆圈的位置进场做空,这是顺趋势的高质量交易机会。

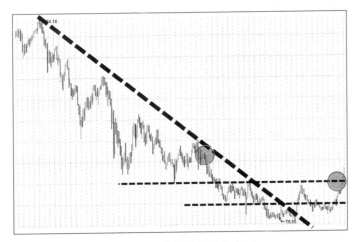

图 3-34 趋势结构跟踪（3）

画出第三根下跌趋势线后，价格很长时间都在趋势线下方运行，也就是下跌趋势依旧在持续。尽管价格跌了很多，时间也持续了很长，但是，交易者不会认为趋势结构可能会结束，因为没有任何趋势结束的信号。

真实的交易场景中，这段下跌趋势的跟踪和分析如图 3-35 所示，交易者使用了至少 5 根水平线和 3 根下跌趋势线。整个过程中，裸 K 线交易者都会依据规则进行主观判断，包括主观认为这是一轮正常强度的下跌趋势。这个主观判断的推论就是，只要下跌过程中出现了典型的"支撑压力互换"，交易者就可以进场做空。

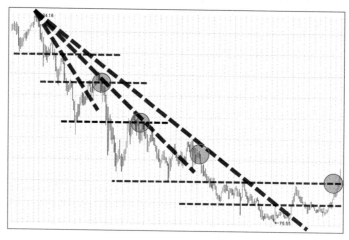

图 3-35　趋势结构跟踪总览

当明确破坏趋势结构之后，新的上涨趋势会形成（右下角圆圈的位置），这里可能是一个高质量的做多交易机会。

对于成熟的裸 K 线交易者，案例中主要的交易机会就是图 3-35 中四个圆圈的位置。这四个位置就是裸 K 线交易法强调的交易优势区。

从图 3-29 到图 3-35，此案例的时间段从 2007 年 6 月到 2013 年 1 月。图 3-36 是美元兑日元的后续走势，四个交易优势区的圆圈位置同图 3-35。这个案例验证了一个事实：在外汇市场，裸 K 线交易法依然能够分析和把握重大的趋势行情。

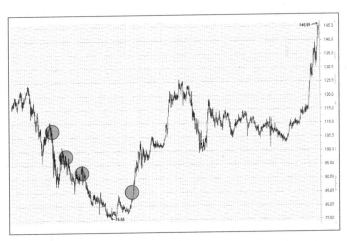

图 3-36　案例的后续走势

│3.4　突破的技术分析│

突破是指价格向上穿越了阻力线，或是向下穿越了支撑线。

威科夫的价格循环，本质上是把价格运动分为了区间结构的横向运动和趋势结构的纵向运动。区间结构和趋势结构的连接部分就是突破。成功突破后有极大可能出现趋势运动，能够给交易者带来丰厚的利润。因此，突破的技术分析和突破的交易一直是裸 K 线交易者关注的重点。

3.4.1　突破的分类

如图 3-37 所示，交易品种突破长期的区间结构后，走出了一段强势的上涨结构，完美体现了"横有多长竖有多高"的炒股口诀。

摆动高点 SH 出现后，画出了支撑线和阻力线。整个横盘期间，共有 3 次触及阻力线，并没有突破阻力线。真正的突破是第四次，一根实体大阳线突破了阻力线，随后三天在阻力线上方进行整理，之后开始了趋势行情。

图 3-37 中的案例表明，突破并不容易，也不常见。原因在于价格运动有惯性，倾向于维持当前的运动模式。突破意味着从横向运动改变为纵向运动时，通常需要长时间的酝酿，或者额外的力量。长时间的酝酿主要是交易品种本身的长

时间的横向整理，形成大型的吸筹区或派发区。额外的力量主要是交易品种所处的市场环境，大盘涨个股容易涨，大盘跌个股也容易跌。还有一种情形则是交易品种基本面发生变化，出现额外的买方力量或是卖方力量，导致快速的突破。

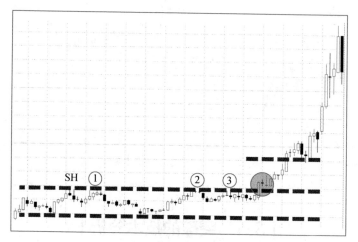

图 3-37　突破后的趋势行情

相对于区间结构和趋势结构，突破的技术分析难度大，交易的难度更大。裸 K 线交易法先从突破的分类入手，把突破分为"假突破"和"有效突破"。

如图 3-38 所示，根据摆动高点 SH 和摆动低点 SL 画出阻力线和支撑线，随后的价格运动①向上穿越阻力线后又回到了阻力线下方，①就是假突破，一次向上的假突破。从①开始的向下运动穿越了支撑线，又回到了支撑线的上方，②也是假突破，一次向下的假突破。向下的假突破后，价格掉头向上，穿越了阻力线，之后的回撤在先前的阻力线获得了支撑，完成了压力支撑互换，③就是有效突破。需要注意的是，即使③完成了压力支撑互换，也不代表随后的价格就一定都会在阻力线上方运动，完全有可能再次回到阻力线下方，从而再次把有效突破变成假突破。

如图 3-39 所示，依据左侧的下跌低点，以及随后反弹的高点，画出阻力线和支撑线。阻力线有支撑压力互换的特征，可以视为关键水平线。支撑线反弹遇阻回落，形成了一个双底形态。因此，案例中的支撑线和阻力线都能够看成是重要的水平线。

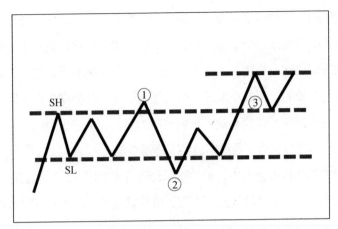

图 3-38 突破的分类

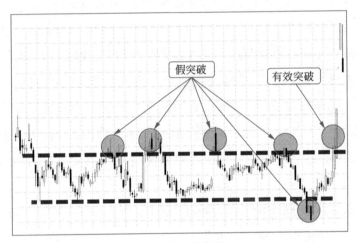

图 3-39 突破的不确定性

随后的走势也证明了这组支撑线—阻力线的有效性，分别出现了 4 次向上的假突破和 1 次向下的假突破，第五次向上突破形成了有效突破。

3.4.2 假突破

假突破是指价格在短时间内两次穿越同一根辅助线，一次是顺着先前的运动方向，一次是逆向。以向上对阻力线的假突破为例，价格先涨过阻力线，随后又跌破阻力线。

在裸 K 线交易法中，假突破的重要程度仅次于区间结构。事实上，假突破本质上是区间结构的实战衍生概念。区间结构由两条水平线构成，交易者即使把支撑线和阻力线都看成是一个小型区间，也会经常遇到价格穿越水平线的情形。如果交易者试图解决这个难题，就可以采用扩大小型区间范围的方法。但是逻辑表明这个思路是无效的，因为小型区间的范围足够大，就会丧失水平辅助线本身的技术意义。因此，裸 K 线交易法采用假突破的概念，从逻辑上完美解决了这个技术分析的难题，同时也为交易策略提供了逻辑基础。

水平阻力线在技术分析中，把价格运动进行了空间分割，起到最小阻力线的作用。换句话说，水平辅助线发挥作用，价格就会逆向运动；不发挥作用，价格就会沿着原来的方向继续运动。假突破的概念则更进一步，价格穿越了水平线，应该继续同向运动；但是又重新逆向穿越水平线。裸 K 线交易法认为，假突破中的水平线起到了双重作用。以上涨的假突破为例，当价格再次回到阻力线下方的时候，价格是从上向下运动的，表明先前的阻力线没有发挥支撑线的作用，也就是水平辅助线不发挥作用，价格会继续同向运动（下跌）。与此同时，整个过程是价格向上穿越并很快向下穿越的，很明显的结论是阻力线确实发挥了作用，价格会逆向运动（下跌）。因此，在水平辅助线的双重作用下，假突破随后的逆向运动会更强势，通常会到达另一根水平辅助线，从而为交易者提供一次高质量的交易机会。

假突破的技术分析相对简单。多数情况下，突破大概率会是假突破。基于这样一个事实，交易者画好支撑线和阻力线之后，只要价格穿越水平辅助线，并以逆转信号 K 线的形式重回区间结构，就可以认为是假突破成立。

假突破的研判要点是，价格在短时间内两次穿越水平辅助线，同时出现逆转信号 K 线。图 3-39 里的 4 次向上的假突破和 1 次向下的假突破都符合此技术要点。

3.4.3　有效突破的供需逻辑

有效突破是指区间结构成功转化为趋势结构。交易者看见的是，价格运动摆脱了旧的横向运动惯性，形成新的纵向运动惯性。利用"聪明钱"和"笨钱"的概念，交易者能够更清晰地理解 K 线背后的供需逻辑。

　　威科夫告诉交易者，吸筹区是一个横向的区间结构，大型趋势之前通常会有一个长时间的大型区间结构。聪明钱在吸筹区买进筹码，笨钱在吸筹区卖出筹码。

　　在吸筹区，聪明钱面对价格下跌，不是感到恐惧，而是牢记自己的目的——尽量多地买进筹码。为了实现这个目的，聪明钱就会画出两条水平线，让价格在阻力线和支撑线之间运动。如何才能让价格维持区间运动呢？聪明钱就必须在支撑线附近提供买方支持，在阻力线附近提供卖方压力。简单来说，就是聪明钱"支撑买阻力砸"，盘势自然就会出现明显的区间结构，市场也会对支撑线和阻力线达成共识。一段时间后，交易品种的浮动筹码就会逐渐转移到聪明钱手中，因为多数的笨钱看见明显的区间结构，都会试图参与"捡钱"一样的区间交易机会。所谓的"捡钱"交易事实上并不容易，原因在于聪明钱会在吸筹区的中后期反复制造双向的假突破，试图"捡钱"的笨钱往往会高买低卖。还有一些笨钱忍受不了长时间的价格横盘，也会在吸筹区选择离场。

　　当聪明钱买进了足够多的筹码后，后续的操作就是横盘转趋势，关键点则是在盘势上进行有效突破。有效突破可以分为三个阶段：突破前、突破和突破后。

　　（1）**突破前**。由于先前聪明钱在整个吸筹区都会主动提供卖压，导致聪明钱并不能有效掌握市场真实的卖压。因此，有效突破前聪明钱就必须测试市场卖压的真实情况，包括支撑线的卖压和阻力线的卖压。

　　测试支撑线的真实卖压，最常见的做法是向上的假突破加向下的假突破。聪明钱在阻力位和支撑位均提供一定的卖压，从而形成一小段下跌趋势，盘势上发出即将破位下跌的迹象。聪明钱主动提供的卖压击穿支撑线后，价格在支撑线下方运动，这个时候，聪明钱停止提供卖压。如果市场本身的卖压很小，价格就不会继续下跌。在这种情况下，聪明钱只要稍微提供买方支持，价格就会很快回到支撑线上方，形成一次技术上的向下假突破。

　　还有一种情形是聪明钱不主动参与交易，不买也不卖，让市场自己波动。如果市场的浮动筹码很少，价格就很难跌到支撑线附近，并且零星的买盘都会导致出现底部逐渐抬高的走势。

　　两种情形都能够让聪明钱得出区间结构的中下空间卖压很小的结论。接下来就是要测试阻力线附近的真实卖压。

常见的解决方法是聪明钱在阻力线附近耐心地小幅拉升，把可能的卖压消耗掉，因此就会在盘势上出现一个小型收敛平台。还有一种方法是快速的假突破，然后在阻力线下方一点的位置提供有力的支撑。由于距离阻力线很近，所以这两种方法都能让聪明钱掌握阻力线附近的真实卖压。

（2）**突破**。向上的有效突破通常会以放量大阳线的方式出现，聪明钱借此吸引趋势交易者进场，形成合力推动价格向上运动。这个关键时刻，聪明钱会在盘势上做出完美的压力支撑互换，向市场宣告该交易品种趋势阶段的开始。

（3）**突破后**。只要聪明钱能够在盘势上显示出有效突破，也就是在价格阻力线上方运行，市场就会进入趋势阶段，形成 HH—HL 的趋势结构。

需要注意的是，聪明钱（主力机构）的有效突破并不总是会成功，失败的情形也常见。有效突破这个阶段是聪明钱之间的博弈，如果有效突破变成了假突破，先前的阻力线没有变成新的支撑线，或是趋势结构失败，价格往往会快速下跌，市场短期内不会有任何买方支撑。

很明显，在吸筹区的早期，是聪明钱和笨钱的筹码互换；突破前，是聪明钱和其他聪明钱（其他机构和成功的交易者）之间的相互试探；有效突破是聪明钱（主力机构）的市场广告。之后，各路聪明钱合力快速推高股价，等待笨钱的重新进场。

3.4.4　有效突破前的技术形态

裸 K 线交易法依据市场的供需原理，理解了有效突破背后的深层逻辑。在此基础上，能够对有效突破做更准确、更有效的技术分析。

如图 3-40 所示，长时间的横盘走势后，价格通常会选择突破方向。以向上突破为例，在大型区间结构的中后期，也就是突破前，一般会有空头陷阱、抬高的底部和窄幅收敛等三种技术特征。

交易者要牢记，有效突破前的阶段（区间结构的中后期），即使出现了完美的技术形态，也不能保证随后就一定会出现突破走势，不能保证在很短的时间内就会突破。不突破或是长时间不突破往往是更常见的情形。

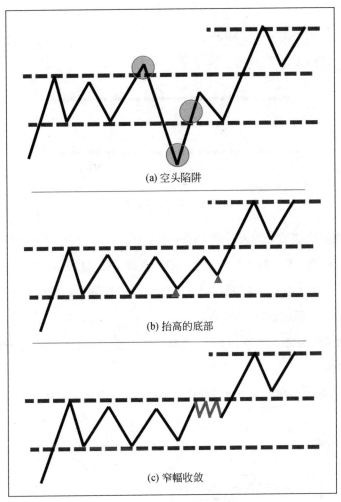

(a) 空头陷阱

(b) 抬高的底部

(c) 窄幅收敛

图 3-40　突破前的三种技术特征

（1）**空头陷阱**。盘势上表现为三个技术走势的连续组合：向上的假突破—向下的假突破—快速重回区间结构。通常情况下，向下的假突破非常剧烈，随后快速重回区间结构，组合起来在 K 线上就会是清晰、明确的逆转信号 K 线。

如图 3-41 所示，裸 K 线交易法中，有效突破前的空头陷阱是三个连续的技术形态，首先是向上的假突破；随后价格回落到支撑线附近，市场出现卖压击穿支撑线，比正常向下假突破的跌幅要深，速度也更快，盘势上呈现明显的破位下行的信号；第三个阶段是价格快速回到支撑线上方。

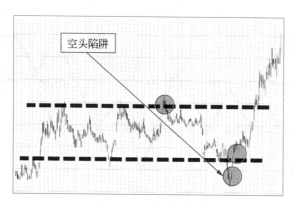

图 3-41　空头陷阱

裸 K 线交易法的处理方式基于两个主要理由：一是有效突破背后的供需逻辑；二是裸 K 线交易者技术分析的立足点一直都是在寻找高质量的交易机会。向上的假突破本身就是一个高质量的交易机会，空头陷阱后，价格重新回到支撑线上方，又是一个高质量的交易机会。

（2）**抬高的底部**。盘势上既可能是典型的上涨三角形形态，也可能是各种类型的圆弧底。

图 3-42 是一个典型的上涨三角形，底部沿着向上的斜线依次抬高。

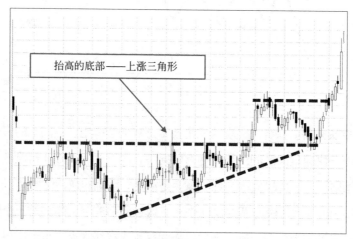

图 3-42　抬高的底部（上涨三角形）

图 3-43 中，抬高的底部呈现小型圆弧底的形态。

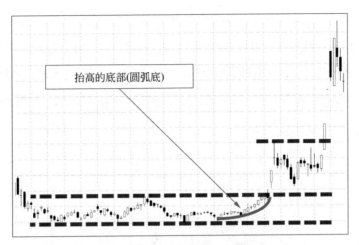

图 3-43　抬高的底部（圆弧底）

（3）**窄幅收敛**。这种形态是裸 K 线交易者更偏爱的突破前形态，能够提供更高质量的交易机会。交易者能够找到盈亏比更高的进场点。

在大型区间结构的中后期（有效突破前），在阻力线下方出现了一个窄幅收敛的形态。窄幅收敛在阻力线附近即可，可以如图 3-44 所示在阻力线下方，也可以在阻力线上方，或是压着阻力线。裸 K 线交易者认为，任何技术分析都是交易者的主观判断，具体到特定的阻力线，不同的交易者可能会有不同的画法。由于阻力线画法的主观性，所以在特定交易者的技术分析中，窄幅收敛就可能出现在不同的位置，但是都是在真实的阻力线附近。

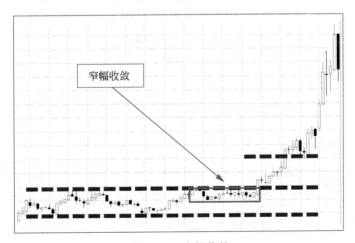

图 3-44　窄幅收敛

有效突破的技术分析有一个基本的前提，要求区间结构的时间足够长。即使交易者主观认为时间足够长，并且形态相对完美，假突破的可能性也远远高于有效突破。以图3-41的走势为例，在有效突破之前，三种有效突破前的技术形态都大致走了出来，但是并没有出现真正的有效突破，如随后的图3-45、图3-46和图3-47所示。

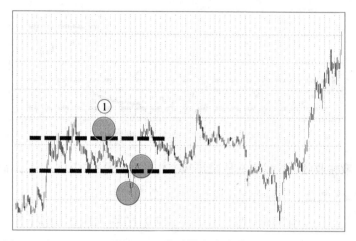

图3-45　失败的空头陷阱

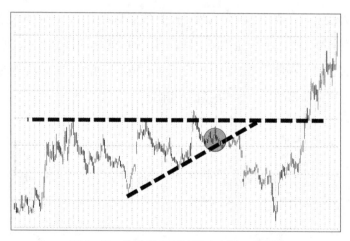

图3-46　失败的底部抬高（上涨三角形）

细心的读者会发现，图3-45与图3-41中的两条水平辅助线的位置不一样。的确是这样，假设交易者最近一根K线在最上面的圆圈（①）附近时，图3-45中支撑线和阻力线是合理的画法。以图3-45中的画法，空头陷阱的力度很强，上涨到阻力线上方停留了一段时间，形成了一次向上的假突破。

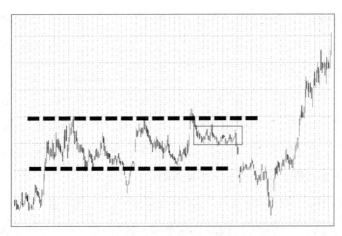

图 3-47　失败的窄幅收敛

　　当价格运行到图 3-46 中圆圈附近时，交易者调整阻力线，并主观认为正在形成上涨三角形是合理的研判。随后的走势破坏了可能的技术形态，交易者就要接受这个结果，而不是去与市场讲道理。例如某些交易者会认为，圆圈左侧的高点穿越了阻力线，这不是标准的上涨三角形形态，所以就失败了。这是严重错误的想法，随后更严重的错误是在自己的交易系统中加入更多的研判标准，试图提高技术分析的准确性。这样的学习和成长之路走不通，是缘木求鱼。交易领域不存在"圣杯"，再复杂的优化都会有例外的情况。

　　图 3-47 是失败的窄幅收敛。窄幅收敛形成的小平台向下突破后，随后的走势是大幅下跌，先前的支撑线也被击穿，导致交易者需要重新画支撑线，画线结果参见图 3-41 中的支撑线。

3.4.5　有效突破的关键技术特征

　　本书针对有效突破前的技术分析，尽管给出了三种典型的技术形态，但是"有效突破"充满了不确定性。既有是否突破的不确定，也有突破时间的不确定。交易者在有效突破前进场，往往在付出极大的时间成本之后，很可能是小赚、平手，甚至是小亏离场。根据价格运动的惯性特征，一些裸 K 线交易者会偏向于在有效突破之后进场，参与有效突破后的趋势结构交易。

　　这样交易的技术原理是，当先前的阻力线变成支撑线的时候，交易者根据价格运动的对称特征，至少能够主观认为价格会有一个等于前区间结构空间的对称上涨。因此，有效突破的初期，价格停留在先前阻力线附近的时候，可以认为是新区间结构支撑线的小型区间，这是一次高质量的交易机会。

将上述技术原理对应到盘势上，有很大的可能性出现一次甚至多次典型的压力支撑互换的技术形态。需要注意的是，日K线图上形成的有效突破，并不一定会在日K线图上呈现压力支撑互换，而是可能会在更小级别的时间周期上出现，例如30分钟K线图，甚至是5分钟K线图。

强趋势结构的有效突破通常以实体大阳线的形式出现，也常见阻力线上方的跳空实体大阳线。正常趋势结构，尤其是弱趋势结构有可能是一组小K线爬上阻力线。但是，有效突破在完成压力支撑互换之后，都应该出现一根标志性的趋势大阳线，形成更高的高点HH。

裸K线交易法中，针对有效突破的确定，通常使用两个技术工具：压力支撑互换和趋势性的标志大阳线。

如图3-48所示，大阳线突破阻力线后形成HH，之后在阻力线上方形成HL，再以大阳线形成更高的HH，形成了趋势结构。图3-48中的HL完成了压力支撑互换，大阳线则是趋势性的标志大阳线。

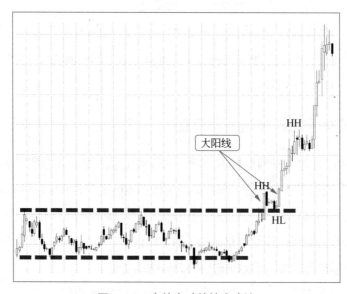

图3-48　有效突破的技术确认

图 3-49 呈现了强势的有效突破在更小时间周期的压力支撑互换趋势。

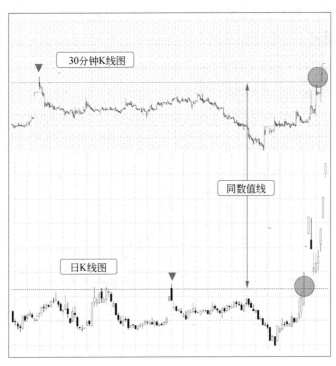

图 3-49 更小时间周期上的压力支撑互换

在图 3-49 中，上面是 30 分钟 K 线图，下面是日 K 线图。虚线表示的阻力线价位在两个时间周期上是相同的。在代表同一时刻的红色三角形与圆圈之间，30 分钟 K 线图的 K 线更密集，数量远多于日 K 线图。

注意日 K 线图上的圆圈位置，对阻力线的突破是一根涨停板的实体大阳线，之后连续两天涨停才出现回调。但是在 30 分钟 K 线图的圆圈位置，可以观察到清晰的压力支撑互换。

3.4.6　趋势结构中的突破

优秀的裸 K 线交易者 90% 以上的盈利都来自顺趋势交易。能否在趋势结构中运用突破的技术分析方法，是成功交易者与优秀交易者的分水岭。

趋势结构中的突破与区间结构的突破，有巨大的差异。根据价格运动的惯性特征，趋势结构的惯性本身就直接为价格运动指明了方向。如果说区间结构的突破是小概率事件，趋势结构中顺趋势方向的突破则是大概率事件。

由于趋势结构本身具备的方向性，所以趋势结构中的突破技术分析就很简单。当趋势调整出现小型区间结构的时候，凡是逆方向的突破大概率是假突破；凡是顺方向的突破大概率是有效突破。

如图 3-50 所示，在清晰的下跌趋势结构中，针对阻力线的向上突破大概率是假突破。案例中的交易品种是欧元兑美元日线图，时间是 2022 年 1 月至 9 月。

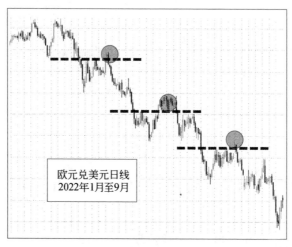

图 3-50 逆趋势方向的假突破

如图 3-51 所示，在顺趋势方向，针对支撑线的突破大概率是有效突破。

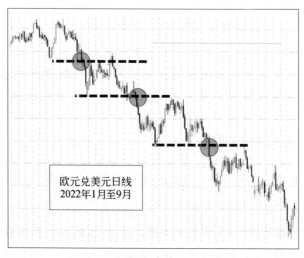

图 3-51 顺趋势方向的有效突破

| 3.5　PA 共振的热区技术分析 |

价格行为在特定的时空点，如果采用多种技术分析工具，都能够得出相同的结论，这样的情形叫作 PA（Price Action，即价格行为）共振。PA 共振在图表上的特定时空点就是热区。热区往往是交易者的优势区。

3.5.1　PA 共振的技术原理

裸 K 线交易法技术分析的基础是价格行为学，采用的基础分析工具是 K 线、形态和辅助线（水平线、斜线和均线）。裸 K 线交易者从最近的 K 线出发，利用三种基础分析工具，把复杂的价格运动解构为区间结构、趋势结构，以及连接二者的突破，从而能够解释过去的走势，并主观判断即将出现，以及未来一段时间内的可能走势。

价格行为学作为当代技术分析的主流，同样认为任何价格运动都是历史的重复，即特定价格模式的重复。因此，价格运动在关键的时空点，必然会出现惯性变化，或是惯性持续的典型特征。惯性变化是指价格结构的改变，包括趋势结构转逆趋势结构、趋势结构转区间结构，以及区间结构转趋势结构。惯性持续是指价格运动继续保持当前的价格结构，包括区间结构的持续，以及趋势结构的持续。

以区间结构的持续为例，支撑线和阻力线是价格横向运动的范围，只有当支撑线和阻力线反复发挥作用的时候，盘势才能表明当前的价格结构的确是区间结构。因此，当价格触及支撑线或阻力线的时候，价格必然会逆向运动，从而出现逆转信号 K 线。

如果不是这样，价格向上运动，以中阳线或是大阳线穿越了阻力线，交易者就会看见阻力线被趋势信号 K 线穿越，盘势发出了区间结构可能转趋势结构的信号，交易者就会采用突破的技术分析方法，判断是假突破还是有效突破。假突破价格会再次回落到阻力线下方，有效突破就会完成压力支撑互换。通常情况下，价格穿越阻力线后，盘势会很快给出真假突破的明确信号，交易者也就能够及时得出价格结构是惯性持续还是惯性改变的明确结论。

裸 K 线交易者在上述的技术分析过程中，采用的就是 PA 共振的技术原理。

交易者根据先前的走势，画出了对应的辅助线，作为价格结构可能变化的观察区。观察区内出现的信号 K 线，就是 PA 共振。

需要注意的是，PA 共振热区既指价格的空间（不是一个绝对的数值），也指时间，并不是一些交易者误以为的单独一根 Pinbar，或是一根趋势大阳线。

热区是区间结构的逆转点和不同价格结构的转化点，是交易者的交易优势区。更重要的是，PA 共振的热区技术分析，能够为优秀的交易者制定更好的交易策略和更精细的交易计划，大幅度提高胜算和盈亏比。

3.5.2 辅助线与 K 线的共振

PA 共振首先是辅助线与 K 线的共振。

在图 3-52 中有三根辅助线，分别代表压力支撑互换的水平线、小型趋势线和 20 均线。红色三角形对应一根典型的 Pinbar。图中的走势是区间结构转趋势结构的突破。PA 共振的热区由辅助线（水平辅助线、小型趋势线、20 均线）和信号 K 线（突破阳线、Pinbar）共同构成。热区内的价格行为明确表明了突破是有效突破，价格运动从区间结构转为了趋势结构。

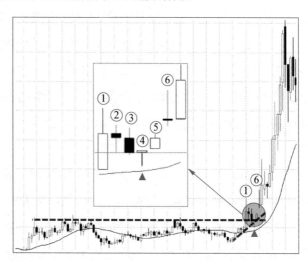

图 3-52　辅助线与 K 线的共振

在裸 K 线交易法中，针对辅助线的测试，包括触及、假突破和缺口（不触及）三类。图 3-52 中的 Pinbar 的最低价击穿了先前的阻力线和先前的小型趋势线，但是没有触及 20 均线。这样的情形，对阻力线和小型趋势线是假突破的重新测试，对 20 均线是缺口的重新测试。

PA 共振热区是一个价格空间和一个过程。案例中的热区要把突破的大阳线作为起始点，Pinbar 后的第一根或第二根 K 线作为热区的结束点。一些裸 K 线交易者在热区会采用"逐 K 分析"的技术分析方法。这里的"逐 K 分析"是指对每一根 K 线进行分析。

图 3-52 中标注的①和⑥之间共计 6 根 K 线。突破大阳线具有长上影线（作为①号 K 线），显示上方有较强的卖压。

随后的②号 K 线是一根阴十字线，两线组合是孕线组合。②号 K 线的低点正好触及阻力线，显示先前的阻力线变成了支撑线。由于①号 K 线的上影线过长，②号 K 线的孕线组合不足以消化突破后的卖压，因此出现了收盘价接近阻力线的③号 K 线，表明超短线的空头优势。

这个时候，裸 K 线交易者利用突破技术原理，做技术分析时会把阻力线当成新的支撑线，并划定一个小型区间。小型区间的支撑线以①号 K 线的开盘价或是最低价为基准，阻力线以②号 K 线最低价和③号 K 线的收盘价为参考。

④号 K 线是典型的 Pinbar，低点并没有触及小型区间的支撑线，收盘价在③号 K 线的收盘价之上，也就是在③号 K 线的实体内。从小型区间来看，④号 K 线是高质量的 Pinbar，盘势由空转多。

⑤号 K 线是一根小阳线，收盘价几乎与③号 K 线的开盘价一样，收复了③号 K 线的阴实体。这是多头强势的标志。

⑥号 K 线是一根跳空倒 T 线，缺口和更高的高点 HH（形成趋势结构）表明强势，长上影线表明上方卖压较大。后续的价格运动需要更多的 K 线跟踪判断。

对于裸 K 线交易者，"逐 K 分析"在学习阶段是一种重要的训练方法，能够更深刻理解 K 线本身的技术原理和价格信号。在交易实践中使用"逐 K 分析"，可能过于繁杂，并容易拘泥于短线和超短线。

一些裸 K 线交易者会在热区采用"逐 K 分析"，目的是寻找更高质量的交易机会。裸 K 线交易法的技术分析是基于规则的主观判断。在热区，不同的裸 K 线交易者可能会有不同的主观判断。由于案例中的突破阳线（①号 K 线）具有长上影线，所以一些交易者会主观判断为假突破，随后的②号 K 线和③号 K 线支持这个主观判断。④号 K 线（Pinbar）下跌走出最低价的过程中，盘面是一根实体大阴线，大阴线击穿了先前的阻力线和小型支撑线，更加支持假突破的判断。但是，④号 K 线收定后，有经验的交易者都会意识到，先前的主观判断可能出错了，并会调整自己的主观判断，激进的交易者会直接空转多，稳健一点的交易者会等下一根 K 线。因此，裸 K 线交易者技术分析的主观判断同样是一个过程，并不存在死多头或者死空头的情形，技术分析者完全依赖看见的价格行为动态地主观判断。

真实的盘势很少走出标准和完美的技术形态。通过"热区是一个过程"的讨论，交易者能够更深刻地理解裸 K 线交易法的实战价值，等待信号 K 线出现之后再交易。

案例中，突破阻力线时的信号 K 线具有长上影线，盘势表明阻力线上方有较强的卖压，回调就是一个大概率事件。这种情形下，主观判断有效突破的交易者就需要耐心等待一根针对先前阻力线的逆转信号 K 线，案例中是④号 K 线（Pinbar）的形式，如果是针对③号 K 线的吞噬线也是标准的逆转信号 K 线。

3.5.3　时间周期的共振

时间周期的共振分为以下两种类型。

第一种类型是三重时间周期架构的共振。例如日 K 线图、30 分钟 K 线图和5 分钟 K 线图是常用的三重时间周期图。当日 K 线图上出现信号 K 线时，在更小时间周期上往往以顶部或底部的形态出现。在图 3-8 中，日 K 线图里的向下假突破，在 30 分钟 K 线图上构造了一个底部形态；日 K 线图里的向上假突破，在 30分钟 K 线图上构造了一个顶部形态。

第二种类型是价格结构中的 K 线根数（时间周期数）与辅助线、信号 K 线的共振，如图 3-53 所示。

价格突破①号水平线（支撑线）后形成了一个底部抬高的区间结构，②号水平线是阻力线。从左往右数，第一个向下的红色三角形是对②号阻力线的假突破，之后在①号支撑线获得了支撑。

假突破后的回调走势，以第一个向下的红色三角形为起点，再以①号线附近向上的红色三角形对应的 K 线为终点，这是第一组回调，共计 8 根 K 线。

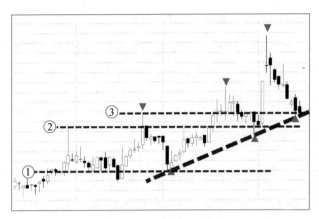

图 3-53　时间周期的共振

随后的上涨先后突破了②号阻力线和③号阻力线，并创出新高，对应了第二个向下的红色三角形。以它为起点，第 8 根 K 线是第二个向上的红色三角形，这是第二组回调。此处的第 8 根 K 线是一根带长下影线的阴线，并且收盘价站上了②号线上方。

第三组回调以第三个向下的红色三角形为起点，终点是第三个向上的红色三角形，同样是 8 根 K 线。此处的第 8 根 K 线收盘价站上了③号线上方。

本例中的三组回调，从顶到底大致都是 8 根 K 线。这种类型的共振，需要重点关注辅助线与同类走势的时间周期数。实战中，可以允许 1 到 2 根 K 线数值的差异，或者以次底（次顶）为参考。

针对一些裸 K 线交易法的高级培训可能会涉及第二种类型的时间周期共振，并且是一种高级技术。这种分析方法在真实走势中，仅能作为次要的分析方法，原因在于其稳定性较差。但是，如果共振时出现了标准的信号 K 线，则时间周期共振的可靠性就很高。

这个分析方法最大的好处在于能够提醒并防止交易者过早地进场。

| 3.6　盘势的综合解读 |

交易者掌握了技术分析的原理、基础知识和分析方法后，就能够进行有效的技术分析。本书有意识地把裸 K 线交易法的技术分析称为盘势解读，更多地保留了裸 K 线交易法"读图"的本义。这样的处置是为了更好地区别于一般的技术分析。一般的技术分析主要是解释过去走势的模式和原因，针对裸 K 线交易法的技术分析是为了寻找高质量的交易机会。这两种差异很大，甚至是完全不一样的思维方式，尽管表面上看起来非常类似。

3.6.1　读图寻找交易机会

2022 年注定是人类历史上大书特书的一年，股市的价格运动深刻地记录了动荡的现实世界。图 3-54 是纳斯达克指数截至 2022 年 9 月的周线图。

图 3-54　纳斯达克指数周线（截至 2022 年 9 月）

若采用一般的技术来分析图 3-54 的走势，可能会标注更多的辅助线，从而达到解释价格走势的目的，并且主观预测市场可能会在什么价位见底。

而裸 K 线交易者使用的辅助线，通常只有图 3-54 中的①②③，最多加上④。画线的出发点是最近的 K 线，先画支撑线和阻力线，然后观察最近几根 K 线的走势。由于最近的走势形成了明显的趋势结构，画出③号下跌趋势线。若要观察当前市场的主要趋势，还可画出④号线。

图 3-54 中圆圈处是下跌趋势中逆趋势方向的假突破，最近一根 K 线向下几乎触及了标注为②的支撑线。尽管裸 K 线交易者认为顺趋势方向的突破通常是有

效突破，但是三波下跌后，支撑线附近依然是重点关注区，观察盘势究竟出现什么类型的信号 K 线。

当然，裸 K 线交易者也会关注和解释先前的走势。图 3-54 是一个典型的上涨趋势转下跌趋势。⑤号线是确定下跌趋势的支撑压力互换，突破后的回撤没有触及先前的支撑线，随后的下跌趋势很可能是强趋势结构。既然是强下跌趋势结构，在没有突破下跌趋势线之前，整体思路就是看空与做空。在这样的主观判断下，圆圈中的逆趋势方向的假突破就很容易把握，成为一次高质量的做空交易机会。

永远要牢记，裸 K 线交易者盘势解读的目的是寻找高质量的交易机会。

3.6.2　交易背景分析

股市相对于外汇、期货和债券市场，最大的差异是交易品种的数量极为庞大，并且走势极其分化。裸 K 线交易法在股市应用的时候，不能墨守成规看 K 线，应当做交易背景分析。

股市的交易背景分为两个层面：一是交易品种本身的背景；二是交易品种所在市场的背景。

交易品种本身的背景，主要是指分析更大时间周期架构的价格结构，例如日线交易者关注周线图。通常情况下，更大时间周期的价格结构能够提供一段时间的策略指导；更重要的是，更大时间周期中的各种阻力位和支撑位，往往是交易时间周期的顶部或是底部。

市场的背景分析除了大盘指数的价格结构分析外，更重要的是选股，也就是选择交易品种。在股市中，特定的个股相对大盘走势强势还是弱势，抑或是随波逐流，本质上也是个股的价格行为。信息时代，多数裸 K 线交易者选股时利用了统计学的原理，充分使用行情软件的公式编写功能，编写个人的选股公式，逐步筛选出相对大盘指数强势的个股，作为潜在的交易品种。这块内容超出了本书的范围，不展开讨论。一些交易者选择只做自己熟悉的个股，也是一种很好的策略。

3.6.3　个股的盘势解读

外汇、期货和债券市场的交易品种数量少，参与者众多，是典型的高流动大市场，裸 K 线交易法非常适合这样的市场。在很大程度上，裸 K 线交易者参与这类市场，完全可以使用纯裸 K 线技术，而不需要更多的参考信息。股市则不一样，个股的盘势解读需要更多与个股有关的价格行为信息。

裸 K 线交易者交易个股有两个理由：一是因为波动性是所有交易者盈亏源头，而个股的波动性最大，能够为优秀的交易者带来丰厚的利润；二是因为优秀的裸 K 线交易者往往擅长做某种特定的图表。股票市场中，个股走势高度分化，交易者在绝大多数时间内都能找到符合个人交易习惯的特定个股，能够一招鲜吃遍天。

交易个股的时候，个股的盘势解读及交易背景分析比个股的价格结构分析更重要。通常情况下，交易背景分析包括以下三个方面。

（1）**市场环境**。市场环境首先是指个股所在市场的大盘指数。偏好做多的交易者采用裸 K 线交易法的技术分析方法，很容易研判大盘指数的价格结构，并采取牛市主动做多、横盘谨慎做多、熊市观望的基本策略。

（2）**活跃股**。活跃股是指正在走大型上涨趋势的市场热门股。参与活跃股的交易是股市赢利的基本法则。活跃股有可能是单独的个股行情，也可能是由特定的板块属性推动的。如果是由特定的板块属性推动的，则要对特定的板块指数进行价格结构分析。

每个交易者都应当有一套自己的选股策略，能够利用活跃股相对大盘指数的强势价格行为特征，及时挑选出活跃股。

（3）**个股分析**。个股交易常见的难题是潜在的交易品种数量太多。10 只以上潜在的可交易股，对于个人交易者来说已经算多了。在这个时候的筛选工作，技术面近似，裸 K 线交易者并不会排斥基本面分析和题材面分析。

有经验的裸 K 线交易者的个股盘势解读，通常会在收盘后进行。一般包括以下内容。

第一，大盘价格结构的跟踪与研判。

第二，利用个人的选股系统，选出可能的活跃股。

第三，快速技术筛选，留下符合个人擅长图形的个股。

第四，对留下的个股进行价格结构细致分析，加上基本面和题材面的辅助分析。

第 **4** 章

裸 K 线交易法的
买卖规则

| 4.1　裸 K 线交易法的止损方法 |

止损是指交易者进场后，实际价格走势偏离了交易计划，价格逆向运动导致交易出现亏损，交易者主动做出的离场行为。当亏损达到一定程度的时候，交易者主动卖出，亏损不再扩大，从而实现管控亏损的目的。

很多人认为收益与风险成正比，高收益高风险，低收益低风险，这个观点在裸 K 线交易法中是错误的。裸 K 线交易法涉及所有的交易行为，都是在可控的低风险前提下，去获得可能的低收益、正常收益、高收益，甚至是超高收益。能够做到这样的原因在于裸 K 线交易法的止损方法。从逻辑上来说，裸 K 线交易法中的止损是一种基于规则的离场方法，既能够管控风险，又能够管控盈利。

4.1.1　单笔金额止损

单笔金额止损是以每一笔交易最大亏损金额作为离场的标准，并且只有这一个标准。

交易实践中，单笔金额止损能够赋予交易者很大的进场灵活性。例如，交易者把特定个股的买进区间设定为 10.20 ～ 10.50 元 / 股，止损价格是 10.10 元 / 股，止盈价是 11.50 元 / 股，单笔止损金额为 1000.00 元。

如表 4-1 所示，1000.00 元的止损金额，潜在的盈利是 2500.00 ～ 13000.00 元。原因在于，交易者能够在单笔亏损金额的控制下，依据实际成交价格调整仓位。价格越低，能够买进的股数就越多。如果走势对路，更大的仓位必然带来更多的盈利。

表 4-1　单笔金额止损

买进价 （元/股）	买进股数 （股）	止盈价 （元/股）	盈利 （元）	止损价 （元/股）	止损额 （元）
10.20	10000	11.50	13000.00	10.10	1000.00
10.30	5000	11.50	6000.00	10.10	1000.00
10.40	3300	11.50	3630.00	10.10	990.00
10.50	2500	11.50	2500.00	10.10	1000.00

4.1.2　单笔百分比止损

单笔百分比止损是最常见的止损方法之一。交易者以实际成交价的特定百分比作为止损标准。一般采用实际成交价乘以（1-X%）。其中，X 就是交易者主观设置的止损百分比。

例如，交易者实际的成交价是 100.00 元/股，5% 的止损价格就是 95.00 元/股。

4.1.3　技术面参考点止损

技术面参考点止损跟交易者的交易策略和交易习惯有关。如图 4-1 所示，向下的红色三角形对应的是一根 Pinbar 信号 K 线。随后的第一根 K 线向上的红色三角形的横线位置是裸 K 线交易者常用的进场点。①号线的止损设置是参考 Pinbar 信号 K 线的低点；②号线是参考更高摆动低点，以第二根 K 线的最低价做参考。①②号线的止损设置是参考摆动低点的典型方法。

一些交易者可能采用③号线的位置做止损，原因有两个：一是进场当天是一根收盘价超过阻力线的大阳线，交易者认为随后应该是强势上涨，因此就以大阳线的中点作为止损点；二是交易者不希望盈利单亏损离场，就根据当下的盘势，把止损价格提高到了成本价之上，确保自己不会亏钱离场。

需要注意的是，参考技术面的止损设置，要向下留出点差。

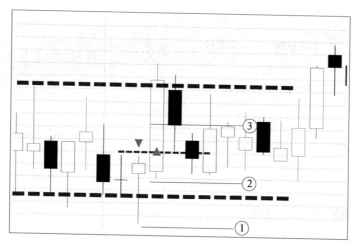

图 4-1 技术面参考点止损

| 4.2　账户的风险控制 |

止损通常是针对单笔交易的风险控制，账户的风险控制主要是总资金的风险管理，防止总资金出现重大亏损。

4.2.1　亏大钱的三种方式

很多交易者都知道，即使是没有杠杆的现金账户，也很容易在短时间内出现 50% 以上的亏损。以总资金亏损 50% 为标准，现金账户亏大钱主要有以下三种方式。

（1）**笨钱模式**。市场总是聪明钱赚钱，笨钱亏钱，而且笨钱亏钱的行为模式几乎没有任何变化。亏大钱最直接的原因就是高位买进，随后的下跌趋势中不止损，最后在下跌趋势的中后期，或是吸筹区的阻力线附近割肉离场。这是笨钱最常见的交易行为，派发区进场，吸筹区离场。

如图 4-2 所示，案例中的交易者在左上角趋势尾声以 20.50 元 / 股进场，随后上涨到了 21.50 元 / 股。尽管出现了明显的逆转信号 K 线，但是交易者主观认定只是暂时调整。当价格跌破①号线和②号线后，盘势呈现了明显的下跌信号。由于交易者已经亏损很大，每一次反弹都会主观认为是调整结束，将展开新的上涨。随着时间的推移，交易者难以忍受大幅度亏损，多数人会在吸筹区的底部③的区间和吸筹区的阻力线④附近割肉。

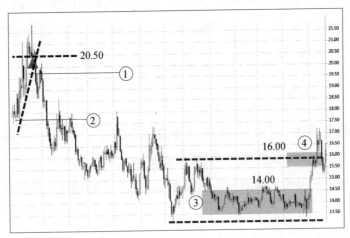

图 4-2　笨钱模式

③和④的平均价格大致是 15.00 元／股，并作为交易者割肉的实际价格。仅这一笔交易，就会亏损 26.80%。几次高买低卖后，总资金就会亏损超过 50%。

（2）**过度交易**。过度交易是指短时间内多次交易。

过度交易通常以连续多笔小亏小赚的形式出现，累积下来往往导致重大亏损。例如，假设单笔百分比止损的标准是 5%，连续十几次止损，也会导致总资金亏损 50% 以上。在特定的市场阶段，短期内连续出现十几次止损并不是罕见的情形。

熊市初期的过度交易能够导致快速的重大亏损。在这个市场阶段，市场还弥漫着牛市的氛围，很多交易者依然是牛市的信徒。市场的真相则是多数个股正处于派发区尾声，少数个股加速赶顶。这个阶段，没有经验的交易者会砍掉破位下跌的个股 A，换一只看起来会快速上涨的个股 B；接下来新进的个股 B 又破位下跌，砍掉再换一只 C……几轮下来，总资金很快就会亏损 50% 以上。这样的情形也被归类为过度交易。

（3）**重仓单一品种**。"听消息做交易"是很多交易者实际采用的交易策略，没有经验的交易者往往会因此重仓单一品种。这类交易品种的下跌趋势被确定后，长期的大幅度下跌，可能给交易者带来超过 50% 以上的亏损。

交易心理学的研究表明，交易者在亏损的早期会焦虑，超过一定幅度后就会麻木。对亏损处于麻木状态的交易者往往会平和地看着股价继续下跌，并期待迟早有一天股价会涨回来，自己不但能够解套，还能大赚一笔。这样的愿望，通常只有很小的概率会出现。

4.2.2　打平操作

裸 K 线交易法中，有经验的交易者在资金管理中，会使用一种叫"打平操作"的小技巧。以做多为例，打平操作是指交易者进场后，价格小幅上涨，交易者快速把止损价格提高到持仓成本的上方，从而确保该笔交易不会亏钱离场。

常见的做法有以下两种。

第一，降低仓位。例如，交易者以 20.00 元 / 股的价格进场，采用单笔 5% 止损，止损价格为 19.00 元 / 股，计划做一笔盈亏比为 2 的交易，止盈价格就是 22.00 元 / 股。假设交易者以 20.00 元 / 股买进 2000 股，当价格涨到 21.00 元 / 股的时候，交易者就卖出 1000 股，剩下 1000 股的持仓成本就是 19.00 元 / 股。这样操作之后，交易者仍旧以 19.00 元 / 股做止损价，即使止损离场，也不会亏钱。

交易成功，盈利为 3000.00 元。

第二，上述案例中，交易者以 20.00 元 / 股买进 2000 股，初始止损设置为 19.00 元 / 股，当价格从 20.00 元 / 股上涨到 21.00 元 / 股以上的时候，交易者把止损价格提高到 20.00 元 / 股。这样的操作能够保证交易者这笔交易不会亏钱离场。

随后，价格若到达止盈价 22.00 元 / 股，成功卖出 2000 股，就能盈利 4000.00 元。

只要交易者杜绝了亏大钱的交易行为，并适当采用打平操作，账户总资金的风险就得到了有效控制，通常情况下不会出现重大亏损，进入了不是笨钱的阶段。

|4.3　裸 K 线交易法的买进技巧 |

裸 K 线交易法中，除了"突破追涨进场法"之外，所有的买进方法都是慢一拍买。只有在辅助线附近出现信号 K 线，交易者主观认为是一次高质量交易机会后，才能依据拟订的交易计划择机进场。

4.3.1　信号 K 线买进法

裸 K 线交易法买进技巧的关键是信号 K 线。信号 K 线的作用有三：一是进场信号；二是提供止损参考点；三是确定进场买进的小型价格区间。

如图 4-3 所示，锤子线是典型的 Pinbar 信号 K 线，K 线的最高价和最低价之间的空间就是买进的小型价格区间。交易者通常在区间 50%，或者 61.8% 的价格附近挂单买进。

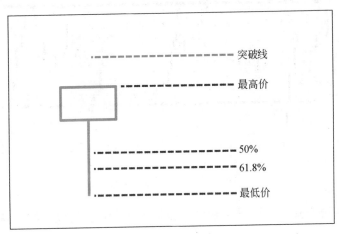

图 4-3　Pinbar 买入法

裸 K 线交易法的买进方法有一个隐含逻辑，即假设在一轮下跌趋势中，最后一根创新低的 K 线就是信号 K 线。如果这样的假设成立，价格就不会再创新低，信号 K 线的价格区间就是趋势结束和逆转的小型价格区间，是最有优势的交易区。

如果价格跌破信号 K 线的最低价，假设的前提失效，交易者就要止损离场。由于挂单买进的价格距离最低价非常近，所以交易者只需要付出很小的试错成本。

一些交易者会等待更明确的上涨信号出现后再进场。通常会参考辅助线，以及与信号K线相邻的几根K线，在最高价上方稍微高一点的位置画出一根突破线，并作为进场的标准。

4.3.2　小区间分批买进

如图4-4所示，价格跌到支撑线附近的时候，并没有出现典型的逆转信号K线，而是在靠近支撑线上方呈现窄幅收敛的价格行为。交易者把窄幅收敛作为进场的小型价格区间，并以区间上沿作为进场价格，评估潜在的盈亏比。如果潜在的盈亏比大于2，则可以在窄幅收敛区内分批买进。

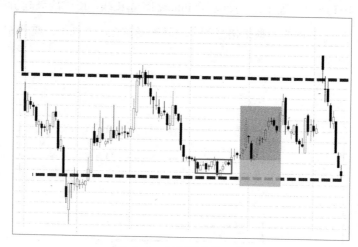

图4-4　小区间分批买进

这种买进方式缺少信号K线作为止损的参考点，有经验的交易者通常会采用单笔金额止损的方法。需要注意的是，这里的单笔是以区间内多次买进算一笔。

4.3.3　买进区间的主动卖出

交易者进场后，盘势呈现弱势的价格行为，交易者连续几天处于小幅亏损的状态。交易者在这样的情形下，如果主观判断自己可能出错了，就会以低于持仓成本的价格卖出部分仓位，这样的操作叫作"买进区间的主动卖出"，也是裸K

线买进法中重要的技巧。

如图 4-5 所示，向上红色三角形对应的是一根支撑线附近的吞噬线，这是典型的信号 K 线。随后第二天价格高开，穿越设置的突破线，交易者进场买进。但是，价格并没有持续上涨，连续好几天小幅亏损。这个时候，交易者可以降低仓位。如果价格上涨，留下的仓位能够赢利，成为一笔赚钱的交易。如果与图 4-5 走势一样，则会减少单笔的亏损额。

图 4-5　买进区间的主动卖出

|4.4　裸 K 线交易法的卖出技巧|

无论是锁定利润还是控制风险，任何卖出都是离场操作，都是筹码变资金的交易行为。

市场中的大型聪明钱是价格结构的塑造者，其多数时间的交易行为是完成大量筹码的互换，创造并持续趋势行情往往只是其相对少数时间的交易行为。裸 K 线交易法的底层逻辑是跟随聪明钱创造的市场节奏，做更高效率的交易。

裸 K 线交易者通常会在吸筹区的中后期或突破吸筹区的热区进场，参与随后的趋势行情，并在趋势结构的中后期或派发区早期离场。因此，裸 K 线交易法的卖出就分为两种基本类型：一是进场阶段的离场；二是锁定盈利的离场。

裸 K 线交易法的任何卖出操作都基于三种技术工具，即辅助线、信号 K 线以及主观设置的盈亏比。

4.4.1 买进区间止损被动卖出

裸 K 线交易法的买进逻辑是先有止损参考点，再有进场的价格区间。多数的交易者则是采用相反的逻辑，先有买进的价格区间，再找止损参考点。

基于裸 K 线交易法的买进逻辑，当触及止损价格的时候，交易者的主观判断大概率出错了，至少是进场稍微早了点。这样的情况下，先离场是最佳的选择。如果随后的走势再次发出进场信号，就重新进场。

如图 4-6 所示，交易者观察市场走到位置①附近时，主观认为双底形成，随后朝着位置②的方向走。不过，当价格击穿止损线后，尽管有一定的概率重新掉头向上，继续朝位置④③的方向走，但是，如果遇阻回落，从位置④朝着位置⑤的方向走下跌趋势，那么没有止损离场的交易者就可能出现重大亏损。

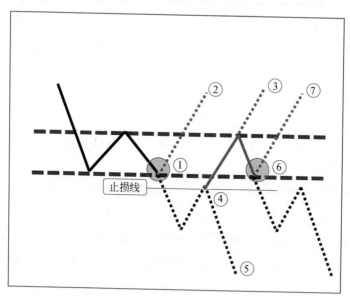

图 4-6　买进区间止损被动卖出

如果价格重新回到支撑线上方，随后价格回落至位置⑥附近，那么交易者可以再次主观认为可能形成头肩底形态，在位置⑥第二次进场。

需要注意的是，第二次进场并不意味着更高的胜算。位置⑥之后的走势，既有可能符合主观判断，朝位置⑦的方向走，也有可能与之前位置①类似，跌破止损线，继续走下降趋势。

若第二次进场后，价格再次击穿止损线，裸 K 线交易者同样会止损离场。

4.4.2　信号 K 线主动卖出

信号 K 线是裸 K 线交易者最重要且最常用的技术工具，能够在盘势中最早发出信号。通常情况下，依据信号 K 线卖出是有利于交易者的操作。

如图 4-7 所示，案例中的上涨阶段，出现 6 次逆转信号 K 线。其中，①②③⑤⑥随后都出现了一定程度的调整，只有④在随后的三天之内创出新高。需要注意的是，上涨阶段出现了逆转信号 K 线后，如果交易者主观判断趋势尚未结束，那么可以先主动卖出部分仓位止盈，剩下的仓位继续跟随市场趋势。

图 4-7　上涨阶段信号 K 线卖出

如图 4-8 所示，案例中的下跌阶段，顺趋势方向做交易就是主动卖空，信号 K 线主要有以下两种情形。

第一，反弹涨不动的信号 K 线，如①②③⑤。

第二，顺趋势方向的突破信号 K 线，如④⑥⑦。

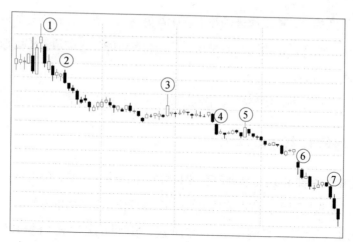

图 4-8　下跌阶段信号 K 线卖出

4.4.3　盈亏比主动卖出

裸 K 线交易法的盈亏比主动卖出，是指交易者提前设置离场的价格，不去关心期间的市场价格行为。

例如前面提到的案例，交易者以 20.00 元 / 股的价格进场，采用单笔 5% 止损，止损价格为 19.00 元 / 股，计划做一笔盈亏比为 2 的交易，止盈价格就是 22.00 元 / 股。

交易者进场后，提前在 22.00 元 / 股挂上止盈卖单。只要价格触及 22.00 元 / 股，这笔交易就成功结束。

4.4.4　阻力位主动卖出

裸 K 线交易法中，阻力位通常由各类辅助线呈现出来，例如水平的阻力线、通道线、压力线[1]以及重要的均线。

如图 4-9 所示，画出上涨趋势线和通道线后，很明显看出通道线对运动的压制效应。①②④⑤⑥的逆转信号 K 线的出现均与通道线有关，③与小型阻力线有关。

交易者依据阻力位卖出，实际的卖出价格往往比信号 K 线要稍微高一点。

---

[1] 在裸 K 线交易法中，压力线常用于描述非水平方向的阻力线。

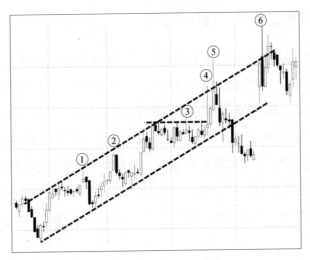

图 4-9　阻力位主动卖出

4.4.5　盘势异动主动卖出

"异动"是交易者经常使用的一个概念，但又是一个不能明确定义的概念。通常情况下，交易者把"巨大的成交量"视为异动。

如果巨大的成交量伴随典型的逆转信号 K 线，如图 4-10 所示，①的看跌 Pinbar 和②的高位大阴线，通常是做多策略的危险信号，那么裸 K 线交易者一般会主动卖出离场。

图 4-10　盘势异动主动卖出

113

4.4.6 趋势阶段跟踪止损被动卖出

趋势阶段，只要价格从 HL 创出新高后，交易者就把止损价格抬高到比 HL 稍微低一点的位置，这样的卖出方法就是趋势阶段跟踪止损被动卖出。这种卖出法不猜顶，而是跟着趋势走，往往能够获得大幅的盈利。但是，也会损失最后一段 "HL-HH" 的盈利空间，也就是俗话说的 "吃鱼身子不吃鱼尾"。

需要注意的是，该方法跟踪单独的一段趋势效果非常好，但是跟踪多段趋势构成的大型趋势则有一定的困难。原因有二：一是大型趋势的次级运动，有可能回调的幅度很大，超过 50% 的回调并不罕见；二是次级运动可能持续很长的时间。

裸 K 线交易者在大型趋势中，通常会采用威科夫 "吸筹区—趋势—再吸筹区—趋势" 的价格结构模型，两段趋势分别处理，如图 4-11 所示。

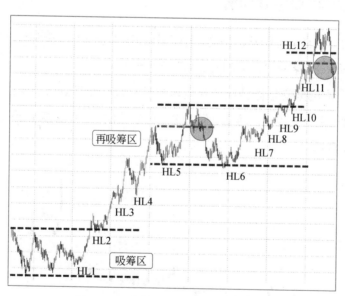

图 4-11 趋势阶段跟踪止损被动卖出

图中的案例是一个两段趋势行情构成的大型趋势，HL1 到 HL5 是第一段趋势，HL6 到 HL12 是第二段趋势，中间衔接了一个回调幅度大，持续时间长的再吸筹区。

在每一段趋势的尾声，裸 K 线交易者都会利用多种技术分析工具，判断离场位置。例如，采用回调是否回到先前阻力线（见图 4-11 中红色的阻力线）的方法，一些交易者会在两段趋势的圆圈位置离场。

|4.5 裸 K 线交易法的加减仓|

裸 K 线交易法中最基本的操作方法：开仓成功后，价格到达第一目标位，部分减仓，剩余筹码等待第二目标位。

真实交易中，交易者很可能对特定的交易品种反复买卖，多次交易。这样的情形很容易让交易者困惑，难以对交易结果进行有效记录、统计和分析。解决的方法是要从加减仓的实际交易行为出发，弄清楚背后的数学逻辑。加减仓数学逻辑的核心是持仓成本：

$$持仓成本 = \frac{前持仓成本 \times 前持仓数量 + 第二次交易价 \times 第二次交易数量}{前持仓数量 + 第二次交易数量}$$

第二次交易，加仓用正数，减仓用负数。

股价在持仓成本上方，加仓后，新的持仓成本增加；减仓后，新的持仓成本降低。

股价在持仓成本下方，加仓后，新的持仓成本降低；减仓后，新的持仓成本增加。

裸 K 线交易通常在底仓上现浮盈后做加减仓的操作，不做摊平操作。摊平操作是指下跌过程中，通过增加仓位降低持仓成本，这样的操作有可能导致重大亏损。

4.5.1 等额加减仓

如表 4-2 所示，等额加减仓是指底仓上现浮盈后，每一次加仓或是减仓的股数一样。

表 4-2 等额加减仓

股价（元/股）	持股数（股）	持仓成本（元/股）	持股数（股）	持仓成本（元/股）
10.00	10000	10.00	10000	10.00
11.00				

续表

股价 （元 / 股）	持股数 （股）	持仓成本 （元 / 股）	持股数 （股）	持仓成本 （元 / 股）
12.00	9000	9.78	11000	10.18
13.00				
14.00	8000	9.25	12000	10.50
15.00				
16.00	7000	8.29	13000	10.92
17.00				
18.00	6000	6.67	14000	11.43
19.00				
20.00				
	盈利	80000.00	盈利	120000.00

股价从 10.00 元 / 股涨到 20.00 元 / 股，交易者以 10.00 元 / 股买进 10000 股作为底仓。

等额减仓的规则是每上涨 2.00 元就减仓 1000 股，共做了 4 次等额减仓操作，剩下 6000 股以 20.00 元 / 股全部卖出，盈利为 80000.00 元。

等额加仓的规则是每上涨 2.00 元就加仓 1000 股，共做了 4 次等额加仓操作，总仓位 14000 股以 20.00 元 / 股全部卖出，盈利为 120000.00 元。

4.5.2　递增加减仓

递增加减仓是指底仓上现浮盈后，按照递增数列加减仓，如表 4-3 所示。

表 4-3　递增加减仓

股价 （元 / 股）	持股数 （股）	持仓成本 （元 / 股）	持股数 （股）	持仓成本 （元 / 股）
10.00	10000	10.00	10000	10.00
11.00				
12.00	9000	9.78	11000	10.18

续表

股价 （元／股）	持股数 （股）	持仓成本 （元／股）	持股数 （股）	持仓成本 （元／股）
13.00				
14.00	7000	8.57	13000	10.77
15.00				
16.00	4000	3.00	16000	11.75
17.00				
18.00			20000	13.00
19.00				
20.00				
	盈利	60000.00	盈利	140000.00

　　递增减仓的规则是每上涨 2.00 元就减仓一次。12.00 元／股时减仓 1000 股；14.00 元／股时减仓 2000 股；16.00 元／股时减仓 3000 股；18.00 元／股时剩下 4000 股，全部卖出。

　　递增加仓的规则是每上涨 2.00 元就加仓一次。12.00 元／股时加仓 1000 股；14.00 元／股时加仓 2000 股；16.00 元／股时加仓 3000 股；18.00 元／股时加仓 4000 股；20.00 元／股时 20000 股全部卖出。

　　递增数列如果从 1、2、3、4……变成 1、2、4、8……就成为等比加减仓，也就是金字塔加减仓。

　　金字塔加仓法是激进的加仓法，一般在趋势的早期进行。金字塔加仓法是利用浮盈的保护，快速从轻仓变成重仓，同时还能承担小幅的价格回调。这是一种高级技巧的加仓法，关键点在于止损价格要跟着持仓成本同步抬高。

4.5.3　交替加减仓

　　走势清晰的上涨趋势中，可以采用交替加减仓的方法。如图 4-12 所示，在标准的上涨通道中，压力支撑互换交易策略成功开仓 10000 股。随后价格上涨到通道线，减 5000 股；回调到支撑线，回补 5000 股。案例中交替操作了 3 次；到达目标价后，卖出 10000 股，清仓离场。

图 4-12　交替加减仓

第**5**章

裸 K 线交易法的
交易策略

| 5.1 裸 K 线交易策略的逻辑 |

掌握了裸 K 线交易法的技术分析方法，通常情况下能够对任意的走势图表所呈现的价格结构做出清晰的技术分析，并对未来一段时间内可能的走势分类进行主观预测。这样的水平，对于行情分析从业者（股评家）足够了，但是对于交易者来说还需要进一步学习。

在技术分析基础上配合买卖规则，对交易细节进行更深入的分析和规划都属于交易策略的范畴。简单来说，交易策略就是以最后一根 K 线为参考点，对还没有出现的走势提前标注买点和卖点，并在买卖规则的约束下进场交易。

"提前标注买点和卖点"，是裸 K 线交易法对交易策略简单、直接，甚至粗暴的定义，源于交易者对盈利的根本需求。任何交易策略都必须能够"提前标注买点和卖点"，否则只能归为技术分析的范畴。

交易者进场交易，无论是低买高卖（做多），还是高卖低买（做空），都会依据特定的交易策略，并且进场的交易者都需要对自己采用的交易策略充满信仰。

例如，听消息做交易也是一种交易策略，因为这个策略确实提前标注了买点，无论消息给出的是买进价格，还是买进时间。听消息买股票的信仰基于信息来源的权威性，以及先前的市场验证。事实上，在人类投机史中，无论是过去还是现在，抑或是将来，听消息做交易通常会是多数人采用的交易策略。这个交易策略不能说好，也不能说坏，因为有的时候会赚钱，有的时候会亏钱。如果采用这种策略的交易者配合一套买卖规则，同时重视风险控制，那么其不失为一个好的策略。但是，这个交易策略最大的弊端是缺乏自主性，只能被动地等待。

裸 K 线交易法相对于听消息做交易，可能是对立的另一端。因为裸 K 线交易者只相信自己在盘势上看见的价格行为，并根据价格行为的信号做交易，这是一种科学思维。裸 K 线交易者同样需要对自己采用的交易策略建立信仰。裸 K 线交易法作为基于科学思维的交易策略，其信仰必然来自对交易策略背后逻辑的深刻理解和信赖。

任何一个交易策略都是把市场的不确定性变成交易的确定性。还是以听消息做交易为例，所有的不确定性经由消息源的权威性都变成了确定性。

交易者："还会跌吗？"

消息源："不会跌了，这里就是底。"

交易者："什么时候卖？"

消息源："听我消息。"

同样是把市场的不确定性变成交易的确定性，裸 K 线交易法则是通过逻辑链的形式完成的。

第一，承认市场的不确定性。根据道氏理论，价格运动是主要趋势运动、次级运动和日间运动三种不同时间架构下的混合运动，充满了不确定性。

第二，技术分析建立确定性。历史重复和供需法则是裸 K 线交易法技术分析的底层逻辑。在此基础上，裸 K 线交易法对价格行为进行了有效的解构，分为区间结构、趋势结构以及连接两者的突破。

第三，建立技术分析的工具系统，分析具体的价格行为，同时主观做出判断。主观判断后，对于裸 K 线交易者来说，当下或是随后的一段时间，价格运动就由不确定性变成了确定性。

第四，配合使用买卖规则和交易数学，把主观判断的不确定性变成相对的确定性，并依据特定的交易策略进场交易，长期下来能够有利可图。

很明显，听消息做交易和裸 K 线交易法，这两种典型对立的交易策略有两个共同点。首先，必须把市场的不确定性主观变成交易的确定性。听消息做交易采用的方法是信任权威；裸 K 线交易者则是相信知识。其次，需要控制风险，以防止主观判断的错误。在这一点上，听消息做交易的人各有门道，通常会是少量或是适量参与，通过本能控制风险；而裸 K 线交易者则有一整套买卖规则和风险控制的方法。

对交易策略的逻辑分析表明，任何交易策略都不可能降低市场本身的不确定性，只能主观地把不确定性变成确定性。因此，任何一种交易策略的逻辑前提，都是主观假设或是判断，即将出现一段相对确定的价格运动，从而提前标注买点和卖点。

裸 K 线交易策略的逻辑需要在技术分析的基础上，采用一套规则来证明主观假设或是判断的正确性，从而获得相对的确定性。

裸 K 线交易策略的逻辑规则包括以下五点。

（1）**价格运动的相对确定性**。裸 K 线交易法的技术分析提供了逻辑上的支持。

（2）**合适的盈亏比**。交易策略提供的买点和卖点必须有利可图，裸 K 线交易法的辅助线能够作为参考量度工具。

（3）**正确性的证据**。裸 K 线交易法解决的方法是"信号 K 线"后做交易。其背后的逻辑如下。

第一，信号 K 线本身就是重要的价格行为信号。

第二，信号 K 线能够提供更有效的止损设置。

第三，信号 K 线随后的几根 K 线能够提供更多的价格行为信息。

换一个说法，就是裸 K 线交易法在交易策略中使用了前辈大师们常说的"对路"概念。对路首先就是要出现信号 K 线，随后的 K 线符合主观判断的价格走势。直白地说，就是买对了，卖对了。因此，裸 K 线交易法的交易策略，除了依据技术分析标注出来买点和卖点之外，更重要的是还有一个买点和卖点之间"对路"的走势图。交易者依靠"对路"的走势图能够更合理地解决正确性的证据问题。

（4）**容错性**。没有任何技术保证买了就涨，卖了就跌。交易者进场后，在一定时间内都会承受或多或少的亏损。问题在于，交易者究竟要承担多大的亏损，才应该主观认为个人的判断错了，并止损离场。因此，止损价格的设置规则，就决定了交易策略的容错性。简单来说，止损越大，胜算就越高，容错性就越好；但与此同时，盈亏比也在快速下降。

事实上，容错性既表现在买点，也表现在卖点。例如，价格与计划的卖点就差几分钱或是几个点怎么办。很明显，交易策略重点需要解决的难题是容错性的平衡。

但是，止损价格的设置规则决定了容错性的平衡，这是一个表面正确的观点。例如，进场后该涨不涨，交易者难道真的要等待价格击穿基于信号 K 线的止损价格吗？前辈大师们的观点是，进场后价格运动如果没有出现预计中的走势，多数情况下就是错了。换句话说，"对路"的走势图才是解决容错性的正确逻辑。进场依据信号 K 线，离场则需要更多地考虑是否对路。

关于容错性，交易策略还需要解决一个问题，就是同一个交易小区间，进场次数的问题。这个问题没有标准答案，甚至没有勉强算是合理的答案，要依据交易者的个人偏好和习惯而定。

裸 K 线交易法的交易策略是在内在逻辑支撑下，能够提前标注买点和卖点，还有一张买点和卖点之间的"对路"走势图。在这样的基础上，利用买卖规则，能够最大限度地把价格运动的不确定性，变成交易者能够把握的相对确定性。由此建立对裸 K 线交易策略的信仰。

需要提醒的是，随后讨论的各种交易策略都有一个假设前提，即技术分析画出的辅助线都是正确的，调整辅助线也都是正确的。这是必需的假设前提，否则不能对交易策略进行有效讨论。但是，这样的假设前提在真实的交易中，即使是最优秀的交易者也不可能总是做到。

因此，交易者要牢记一点，随时关注自己画的辅助线是否与盘势的价格行为一致。如果不一致，多数情况下是交易者自己出错了，即在价格运动中画错了辅助线。因为任何一段完成的走势，所有的交易者都能画出几乎一模一样的辅助线。

（5）**裸 K 线交易策略的学习方法**。裸 K 线交易策略的逻辑再次证明了裸 K 线交易法本质上是"看图说话"。交易者看着盘势上的 K 线图，尝试着读懂图表所代表的价格行为，然后按图索骥，进行交易。交易策略的原理很简单，提前标注买点和卖点也不难。难点在于交易策略的真实执行，对路了要拿得住，不对路能跑得快。很多人把执行难归结于交易者的心理问题，这样的归因并不是完全合理的，更可能的原因是交易者缺乏相应的知识和训练。例如很多交易者可能并不知道，交易策略中除了买点和卖点之外，更重要的是要有一个"对路"的走势图。因此，掌握裸 K 线交易策略需要针对性的学习和大量的训练。

|5.2 裸 K 线交易法的三种基本交易策略 |

威科夫的价格循环和价格结构在图表上，呈现为一系列的区间结构和趋势结构的连接。进一步，在趋势结构中，同样存在一系列的小型区间结构和趋势结构。如果把趋势结构中的小型区间结构作为价格运动的基本单元，我们可以认为威科夫的吸筹区和再吸筹区是小型区间结构的横向重复；趋势段则是小型区间结构的纵向重复。其中，横向重复没有出现有效突破，价格呈现区间结构；纵向重复则反复出现有效突破，并推动价格纵向运动，从而形成趋势结构。

很明显，交易策略的技术基础是区间结构和有效突破。因此，裸 K 线交易法从交易的视角，采用威科夫价格循环和价格结构的模型，以是否出现有效突破为标准，建立了三种基本的交易策略。

5.2.1 支撑线和阻力线的区间交易策略

价格区间运动时，没有出现"突破"的价格行为，是最常见的情形。针对这样的走势，裸 K 线交易者可以主观采用"支撑线和阻力线的区间交易策略"。

支撑线和阻力线的区间交易策略清晰且简单：支撑线买，阻力线卖。

如图 5-1（a）所示，下跌形成的区间结构，①和②形成了支撑线和阻力线，③二次确认了支撑线。激进的做多交易者可以在③进场，稳健的交易者则会在价格再次接近支撑线的时候进场，在阻力线附近主动卖出。上涨形成的区间结构，①和②形成了阻力线和支撑线，③二次确认了阻力线。做多的交易者则会在价格再次接近支撑线的时候进场，在阻力线附近主动卖出。

图 5-1（b）和图 5-1（c）中的两个案例，按照标准的买点和卖点，盈亏比都大于 2，满足交易策略的合理盈亏比要求。交易者通过大量读图训练，都能意识到，日 K 线图的区间交易策略通常满足盈亏比大于 2。

用折线画出走势结构后，就会发现严格意义上的标准区间结构很罕见，反复调整水平辅助线，都难以捕捉到精确的逆转点。即使把水平辅助线处理成为一个小型区间，真实的走势也需要足够大的区间范围。但是，如果采用假突破的概念，水平辅助线是否精准的难题就迎刃而解。换句话说，即使是典型的区间结构，通常也会伴随小型的假突破。区间交易策略这样处理后，就能够包容绝大多数的真实走势。

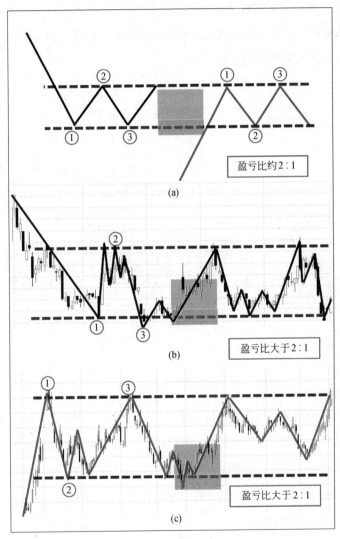

图 5-1　支撑线和阻力线的区间交易策略

折线图还显示一些其他的价格行为特征。

第一，阻力线附近通常出现小型的顶部形态，例如双顶；支撑线附近也容易出现小型底部结构，例如双底和头肩底。这个价格行为特征对于交易者非常重要，因为即使是小型双底，也会耗时几个交易日。

第二，典型的区间内运动通常是一段小型趋势，无论是从阻力线到支撑线，还是从支撑线到阻力线。

真实走势中，更常见的是不规则的区间结构。如图 5-2 所示，既有穿越水平辅助线的假突破，也有没有触及水平辅助线的情形。在满足盈亏比大于 2 的情况下，交易者有以下两种应对策略。

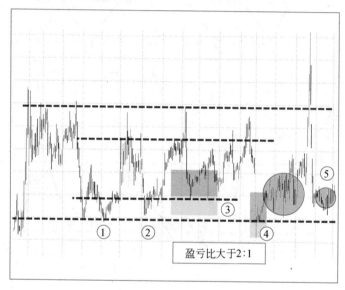

图 5-2　不规则的区间结构

第一，画出更紧的区间范围。如图 5-2 所示，分别画出了两组支撑线和阻力线，一组长，一组短。在位置①，价格在更长的支撑线处得到支撑。但在位置②，价格没有触及更长的支撑线，便开始上涨。位置③的交易计划是依据图中更短的支撑线做出的，卖点也依据了更短的阻力线。只要新的阻力线盈亏比大于 2，都可以作为离场的阻力线。

第二，选择不交易。由于股市可交易的品种很多，所以可以在同时段选择另外一只触及支撑线，或是小型假突破的个股进行交易。

在图 5-2 中④的位置，由于价格对更长的支撑线进行了假突破，所以就应使用更长的支撑线来做交易计划。此时不能照搬位置③，使用更短的支撑线制订交易计划。

随后市场在满足盈亏比大于 2 之后，出现了一段震荡走势（大圆圈）。面对这样的走势，不同的交易者有不同的处理方式，有的交易者在触及盈亏比 2 时就主动离场了；有的交易者会选择再等等，看着价格涨过盈亏比 2 之后，再次回落到盈亏比 2 时，也选择主动离场；还有一些交易者坚持完成区间交易策略，在更长的阻力线附近离场。这几种应对方式没有对错之分，只与交易者的交易计划有关。

最后，在图 5-2 中⑤的位置（小圆圈）应如何处理？读者可以思考一下。这是一个没有标准答案的问题。学习裸 K 线交易策略，思考的本身就是答案。

5.2.2　假突破交易策略

假突破交易策略是逆转交易策略。当假突破成立的时候，交易者主观认为先前的运动方向已经发生了逆转，进场做与先前运动方向的反向交易。上涨的假突破成立，交易者就主观认为，下跌已经开始了，做卖出操作；下跌的假突破成立则做买进操作。假突破交易策略的关键是，跌破先前的阻力线就卖出，涨回先前的支撑线就买进。

对于裸 K 线交易者而言，除了观察市场完成了假突破（即价格在短时间内两次穿越同一根辅助线），还要关注随后是否出现对路的走势，原因在于只有对路的假突破才能有利可图，不对路的假突破很可能导致小亏损。因此，只有当两次穿越后，价格沿着先前相反的方向，继续运动一段足够的空间，并在另外一根辅助线附近产生新的价格行为，才能定义为"对路"的假突破。

以向上对阻力线的假突破为例，价格先涨过阻力线，随后又跌破阻力线，并且继续向下运动，可能是接近先前的支撑线，也可能是形成抬高的底部。如果是抬高的底部，交易者就可以画出一根新的小型支撑线，同时把先前的底部和抬高的底部连接起来，形成一根新的小型趋势线。

如图 5-3 所示，裸 K 线交易者研判阻力线附近的假突破，会有红色虚线示意的两种可能的对路走势图。从技术分析的角度，价格在阻力线附近的两次穿越，只能说有假突破的可能。如果随后价格走到图中下侧的两个圆圈，并且红色虚线出现新的逆向运动，才能确认先前的价格行为是对路的假突破。

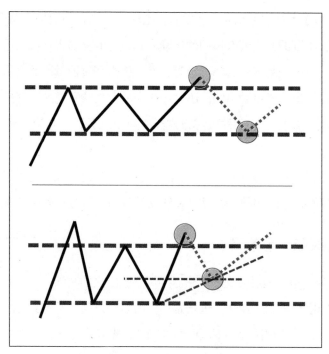

图 5-3　假突破交易策略

但是，交易策略不能是事后分析，交易者需要在阻力线附近圆圈位置，主观研判为是假突破，并认为是一次高质量的做空机会，依据对路假突破的走势图，提前标注出卖空进场点和两个可能的离场点。

如图 5-4 所示，最左侧的红色三角形是向下跳空的大阴线形成的缺口，右侧的红色三角形是向上跳空大阳线形成的缺口。借助这两个跳空缺口，确定阻力线和支撑线的大致范围，其中，阻力线以最近的前高为参考点。

①是针对阻力线的向上假突破，随后是一段小型下跌趋势，对支撑线形成了假突破。①—②就是对路的走势。③是又一次针对阻力线的向上假突破，随后同样是一段小型下跌趋势，但是并没有触及支撑线，而是形成了更高的底部，②和④的连线是一根上涨趋势线。

交易者采用假突破的交易策略，在①的位置做空，后续对路的走势图可能是图中的①—②模式，也可能是③—④的模式。如果出现这两种之外的其他走势，就是价格行为的不对路，交易者要意识到自己可能出错了，应当择机尽快离场。

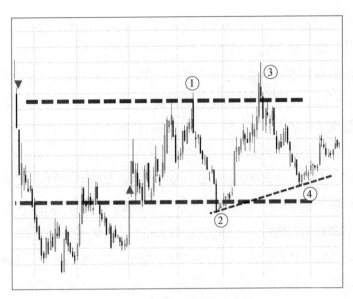

图 5-4　假突破交易策略案例

如图 5-5 所示，①的位置是向下的假突破，交易者采用假突破交易策略进场交易，计划做一次盈亏比大于 2 的高质量交易。交易者计划在支撑线附近买进，对路的走势图有两种，②是区间内的小型阻力线，③是先前的阻力线。

图 5-5　失败的假突破

进场后，对路的走势应该是一段小型上涨趋势，至少不应该跌破斜率很小的初始上涨趋势线，这是走势对路最基本的价格行为。参看图 5-5 中向下的红色三角形对应的 K 线，二次探底后开始上涨。但是，右边向上的红色三角形对应的是一根阴线，跌破了支撑线和最初的上涨趋势线，收盘价创出了新低。这根 K 线从多个角度呈现了价格行为不对路，严重不符合交易策略应该有的对路走势。按照交易策略的止损规则，交易者止损离场。

假突破交易策略是典型的逆转交易策略，交易者试图在价格运动逆转的初期进场，从而获得更高的盈亏比。具体来说，假突破交易策略包括以下四个要点。

（1）**辅助线的准确性**。在动态的价格运动中，交易者只能假设正在使用正确的辅助线。但是，很多情况下，正在使用的辅助线并不是很准确。如果依据错误辅助线的假突破研判，随后的价格运动很快就会告诉交易者，出错了。错了并不要紧，重新调整一下就可以。事实上，交易者不需要追求辅助线的绝对正确性。首先不存在这样的辅助线，其次也没有必要，因为交易实践中，相对准确的辅助线就足够用了。

（2）**穿越的价格幅度**。假突破既可能是小幅度穿越辅助线，也可能是较大幅度穿越辅助线。这两种价格行为对后续走势的影响很大。简单来说，小幅度穿越的假突破对应一段小行情，大幅度的穿越可能出现一段大行情。

如图 5-6 所示，案例中的个股第二个涨停板失败，收阻力线上方阴线（逆转信号 K 线），第二根 K 线（对应红色三角形）无力站上阻力线，形成假突破。由于假突破穿越的价格幅度大，跟随其后的就是一段急促的大幅下跌，做空盈亏比大于 3。

（3）**两次穿越的时间**。通常情况下，假突破两次穿越的时间会很短。如果穿越辅助线后停留的时间过长，再次逆向穿越辅助线，往往是更大时间架构上的假突破。

（4）**第二次穿越的技术确认**。这是最重要的技术细节之一，也是最佳的交易区间。当价格第二次逆向穿越辅助线的时候，大致分为以下两种情形。

第一，以向上的假突破为例，价格第二次穿越阻力线的方向是向下，随后会出现一个再次向上穿越的小型价格运动。这次向上的小型运动明显受到阻力线的压制，很快就掉头向下。整个过程的价格行为，就是第二次穿越的技术确认。盘势上一般表现为长上影线的逆转信号 K 线，收盘价在阻力线下方。

图 5-6 假突破穿越的价格幅度

第二，第二次向下穿越阻力线，快速形成有力的向下信号 K 线，也就是强势向下突破先前的阻力线（新的支撑线），这个过程的价格行为，同样是第二次穿越的技术确认。

如图 5-7 所示，①是第二次穿越技术确认的第一种情形，②是第二种情形。

图 5-7 第二次穿越的技术确认

①是一根长上影的高开 Pinbar。当天的价格运动是高开向上突破阻力线，随

后价格回落到阻力线下方，完成了假突破的两次穿越。在当天 5 分钟 K 线图上，红色三角形对应了一根试图重新站上阻力线的 K 线，开盘价后的最高价在阻力线上方，表明了一次小型向上运动对阻力线的技术确认。

②是指红色三角形对应的探底阳线和随后的破位大阴线的组合。两根线在日 K 线图上从阳线的低点开始，两次穿越阻力线，并且大阴线强势向下突破先前的阻力线。

需要注意的是，从技术逻辑的角度，假突破是价格运动惯性特征的体现，那么在交易实践中，价格结构的中前期阶段，交易者可能获得更高一些的胜算；而在价格结构的中后期，胜算就可能降低，因为价格结构很难一直持续下去，迟早会打破惯性，形成新的价格结构。

5.2.3　压力支撑互换交易策略

价格行为出现有效突破后，压力支撑互换交易策略是交易者最熟悉的策略，即先前的阻力线变成支撑线后买进。

压力支撑互换交易策略的逻辑是，价格成功摆脱先前价格结构的惯性，进入了新的价格空间，这样的价格行为需要足够的动能。以向上运动为例，盘势上的价格行为是突破阻力线，回撤过程先前的阻力线呈现明显的支撑作用，变成了支撑线。具体来说，价格向上穿越阻力线并继续上涨一段足够的幅度，之后的回撤才能作为可能的压力支撑互换。这是与假突破价格行为在技术细节上最关键的区别。

如图 5-8 所示，①②穿越阻力线，回撤先前的阻力线获得支撑，并不是压力支撑互换的价格行为，这样的情形很容易变成假突破。只有涨幅接近先前区间结构空间数值后的回撤（③）才是典型的压力支撑互换。需要注意的是，强势上涨的回撤有时候不会接近先前的阻力线（④），这样的情形同样是压力支撑互换。

牢记一点，压力支撑互换交易策略一定先要有足够的涨幅。

如图 5-9 所示，①②尽管突破了阻力线，并获得了支撑，但并不是压力支撑互换。只有当价格有了足够的涨幅后（对应红色三角形），随后的回撤在先前的阻力线获得支撑（③），这样的价格行为才是压力支撑互换。

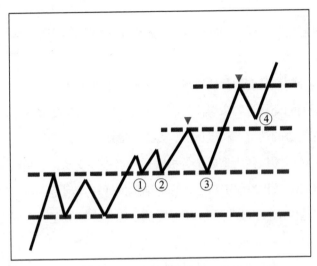

图 5-8　压力支撑互换交易策略

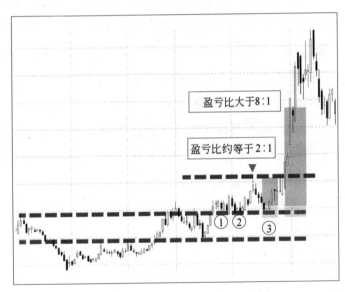

图 5-9　压力支撑互换交易策略案例

　　交易者在③进场后，一些交易者主观认为价格开始新的区间结构，先前的高点（对应红色三角形）就是离场点；还有一些交易者主观认为随后是一段趋势，会持股待涨。

| 5.3 趋势结构交易策略的要点 |

"让利润奔跑"是裸 K 线趋势结构交易策略的直白阐述。具体来说有以下三点。

第一，场外的交易者要尽快进场，搭上趋势的快车。

第二，场内的交易者要拿得住筹码，不要被趋势的颠簸甩下车。

第三，在趋势的转折点和确认点，要果断离场。

很多交易者试图抓住大型趋势的极限逆转点进场交易，这是错误的想法。在很多技术分析的图书和教程资料中，趋势结构的逆转点都是重点讨论的内容。这样的阐述方式是讲解技术分析知识所必需的正确方式，但在一定程度上也误导了交易者的真实交易行为。

从交易实践的角度看，任何趋势结构的极限逆转点都是特定的瞬间，是某一次特定的交易。当代的电脑行情记录，足以锁定到秒的精度。即使放大时间周期，用 5 分钟线，甚至周线去标注极限逆转点，在整个交易时段中（个股是指从上市到退市）也是短暂的瞬间。据此交易，交易者的交易机会就非常有限。

根据价格运动的惯性特征，当趋势结构真正形成后，会持续很长的一段时间，并伴随大幅度的空间运动。理论上来说，在趋势结构没有到达极限高（低）点之前，任何价格和时间进场做顺趋势交易，都是有利可图的。交易者完全没有必要试图抓住趋势的极限逆转点。因此，裸 K 线交易法的趋势结构交易策略关注的是，在趋势结构已经形成的前提下，交易者如何做顺趋势交易。

在讨论趋势结构交易策略之前，需要全面梳理一下裸 K 线交易法关于趋势结构技术分析的知识点。

（1）**趋势的起点**。趋势起源于两种情形：一种是趋势转逆趋势，另外一种是吸筹区（派发区）转趋势。以上涨趋势为例，两种情形都是从极限低点开始上涨，并有效突破特定的关键水平线。其中，下跌趋势转上涨趋势是价格突破最后的反弹高点 LH 画出的阻力线；吸筹区则是突破区间结构高点 HH 画出的阻力线。上涨趋势的起点既可以从极限低点起算，也可以按照突破关键水平线起算。本书采用后一种方式，以突破关键水平线作为趋势的起点。

（2）**趋势结构**。趋势结构完全遵循道氏理论的定义，以上涨趋势为例，价格沿着 SL—SH—HL—HH—HL……的结构运行。其中，"HL—HH"是趋势的上涨段，"HH—HL"是趋势的调整段。上涨趋势中，"HL—HH"的绝对空间数值大于"HH—HL"。"HH—HL"调整段分为简单模式和复杂模式，简单模式呈现"N"形价格行为，复杂模式则呈现不规则的区间结构。

（3）**趋势结构的分类**。每次创新高 HH 后，画出新的阻力线。再创新高后，一般会针对先前的阻力线回撤，盘势呈现压力支撑互换的价格行为。以先前阻力线为标准，分为不触及、触及和穿越三种情形，分别对应强势趋势、正常趋势和弱势趋势三类。

（4）**趋势结构的辅助线**。常用于趋势跟随的辅助线有斜线和均线。基于两个 HL 画出的斜线可以分为小型趋势线和大型趋势线，其平行线（以 HH 定位）是通道线；基于两个 HH 画出的斜线是压力线。20 均线一般跟踪中期的趋势结构，60 均线跟踪长期的趋势结构。

（5）**趋势阶段的 K 线价格行为**。上涨趋势中，阳线力度会整体大于阴线，并充分呈现出特定趋势结构的强度。在辅助线附近，通常会出现明显的信号 K 线。

（6）**趋势结构的破坏**。趋势结构的破坏除了尖顶之外，通常是一个过程。早期的信号可以采用比较过顶高（参见图 3-26）的方法；中期采用趋势线的破坏；技术上明确的破坏则根据道氏理论，采用有效跌破前一个 HL 的规则。

（7）**大型趋势的中间结构**。大型趋势结构中，会多次出现区间结构形式的再吸筹区。再吸筹区对应道氏理论的次级运动，通常会出现较大幅度的下跌，之后运行较长时间的区间结构。这样的价格行为是趋势结构交易策略的难点。

| 5.4 趋势结构交易策略的五种进场法 |

裸 K 线趋势结构交易策略的进场方法主要有五种，即压力支撑互换进场法、逆向假突破进场法、顺趋势突破进场法、大阳线进场法和辅助线进场法。需要注意的是，即使是典型的大型上涨趋势，任何进场法都要满足合理的盈亏比，防止买在趋势阶段的高点，或是极限高点附近，从而导致重大的亏损。

5.4.1　压力支撑互换进场法

压力支撑互换进场法是交易者最常用的交易策略。趋势结构中，典型压力支撑互换的价格行为通常都是高质量的进场点，尤其是在趋势结构的早期和中期。如图 5-10 所示，图中共标注了 8 次进场点，7 次盈利，②则是一次失败的交易。需要注意的是，①②的位置并不符合压力支撑互换交易策略的要求，原因在于回撤阻力线之前上涨的幅度不够大。尽管①是一次赚钱的交易，但不是一致性规则的交易，优秀的裸 K 线交易者会远离这类赚钱但不符合一致性规则的交易。

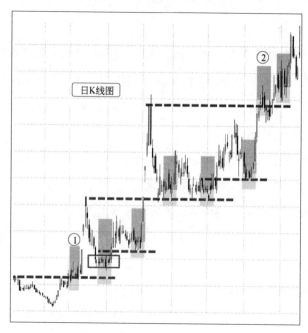

图 5-10　压力支撑互换进场法

5.4.2　逆向假突破进场法

逆向假突破进场法是指上涨趋势中出现了窄幅收敛，交易者把窄幅收敛作为区间结构，当出现向下假突破的时候进场。

如图 5-11 所示，趋势阶段的逆向假突破通常都是高质量的交易机会。一般情况下，价格突破阻力线后进入新的价格区间，会出现一个窄幅收敛的价格行为。窄幅收敛事实上就是一个小型的区间结构，针对这个区间结构的逆向假突破就是图中标注的进场点。

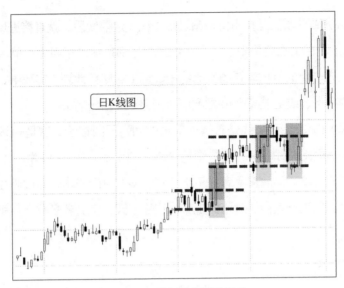

图 5-11　逆向假突破进场法

需要注意的是，逆向假突破的清晰区间结构，往往出现在更小时间周期上。为便于理解，将图 5-10 中的红色方框区域 K 线，改用 30 分钟 K 线图来说明，如图 5-12 所示。对比图 5-12 和图 5-10，可以清晰地观察到日 K 线图上重叠的多根 K 线，在更小的时间周期中往往是一个小型的区间结构。小型区间结构中的逆向假突破，通常是大型趋势结构的高质量进场点，尤其是在趋势的早期阶段。

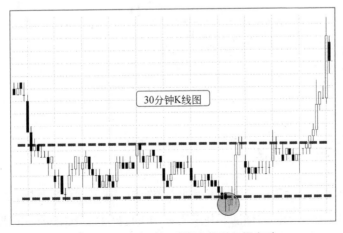

图 5-12　更小时间周期中的逆向假突破

5.4.3　顺趋势突破进场法

顺趋势突破进场法是指当价格超过阻力线一定幅度后，就直接进场买进。如图 5-13 所示，在上涨趋势中，三个红色三角形都是突破了阻力线的大阳线。可在阻力线上方一点的价位设置盈亏比约为 2∶1 的交易计划。实战中，一般在大阳线实体的中点，或是最高价和最低价的中点设置止损价格。

交易实践中，突破阳线是首选的买进时间，原因在于，这是短线和超短线交易者的进场法，"对路"的走势图是价格快速上涨。图 5-13 中的案例前两次进场走势并不对路，这时交易者并不想花费过多的时间成本，会按照盈亏比的标准离场。第三次进场走出了对路的走势，连涨三天，交易者多数会在第三天冲高离场。

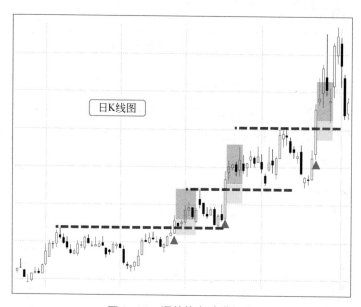

图 5-13　顺趋势突破进场法

5.4.4　大阳线进场法

大阳线进场法是指趋势结构中出现大阳线后，第二天择机进场。止损采用与顺趋势突破进场法同样的标准，并采用 2∶1 的盈亏比评估进场后的潜在盈利空间。由于交易者做的是趋势结构，所以进场后不触及止损位就继续持股。

　　如图 5-14 所示，盘势中跳空突破后，缺口是强有力的支撑线。交易者主观认为价格进入趋势阶段，并采用大阳线进场法的买进策略。图中有 14 根大阳线，对应 14 次进场机会。其中，4 次盈亏比没有到 2 就触及止损点，是失败的交易；其余 10 次进场成功，胜率约为 70%。

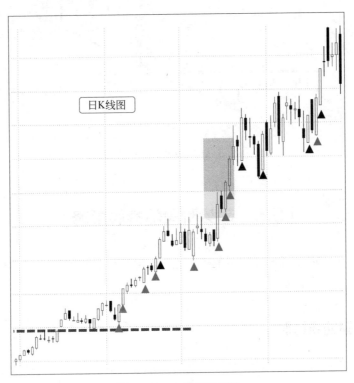

图 5-14　大阳线进场法

5.4.5　辅助线进场法

　　辅助线进场法是指利用趋势线和均线做参考的买进方法。如图 5-15 所示，①对应的买进点是一个典型的热区；②③是均线做进场参考；④是利用上涨趋势线。其中，③是一次失败的交易。

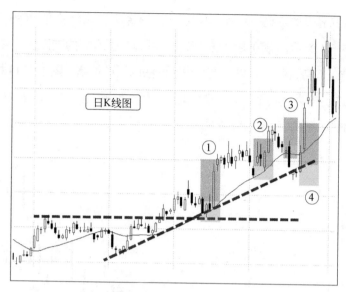

图 5-15　辅助线进场法

|5.5　趋势阶段的持股策略|

趋势阶段的持股策略是交易的重中之重。裸 K 线交易者一般采用辅助线和趋势结构点两个方法处理。

5.5.1　辅助线持股

持股策略最直观的方法是使用辅助线。如图 5-16 所示，价格突破阻力线后，进入趋势阶段。在整个过程中（包括突破前和突破后），趋势线、通道线、压力线和均线都有重要的指示作用。

图 5-16 中黑色的①②③对应了三条小型趋势线。在价格从横盘变为上涨的过程中，小型趋势线的斜率在变大，这是对路的价格行为。红色①②对应了两条压力线，采用的是连接两个 HH 的方法画线，代表了趋势运动中向上"HL—HH"段的可能压力区。

20 均线明显与短期趋势运动的低点吻合，短期价格运动依托 20 均线上涨。在 20 均线走平的过程中，一般对应了一个再吸筹区，代表中线趋势的 60 均线有明确的指示作用。

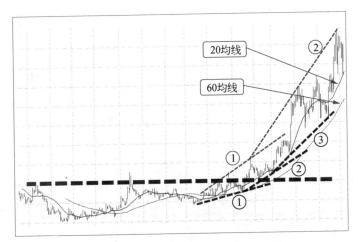

图 5-16　趋势结构的辅助线与动态调整

上涨趋势中，交易者主观设置并调整特定的辅助线。辅助线的持股策略是，只要价格没有出现有效跌破辅助线的价格行为就持股，有效跌破就离场。

5.5.2　趋势结构点持股

裸 K 线交易法中，试图把握趋势主要行情的持股策略还可以使用结构点跟进的方法。图 5-17 是图 5-16 右侧的主要趋势段，水平辅助线的位置一样。当价格有效突破阻力线时，交易者可以根据盘势中交替出现的"HH—HL"的结构点跟踪趋势，这是跟踪长期大型趋势最有效的方法。需要注意的是，图 5-17 中两个圆圈位置，尽管出现了价格回调，但是均在特定的某一根大阳线，或是某两根连续大阳线的范围内。通常情况下，这样的回调不作为结构点。

上涨趋势中，趋势结构点的持股策略是只要价格没有跌破前一个 HL 就持股，有效跌破就离场。

需要注意的是，在趋势结构的早期，或是持续时间很长的再吸筹区，价格在横盘运动过程中，会出现绝对数值差异不大的两个甚至多个 HL，并且有可能跌破相邻的 HL（见图 5-18）。这种情况下，交易者可以采用区间结构的假突破交易策略处置。

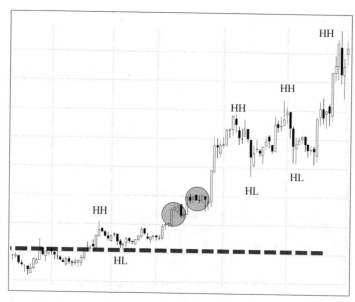

图 5-17　趋势结构的结构点

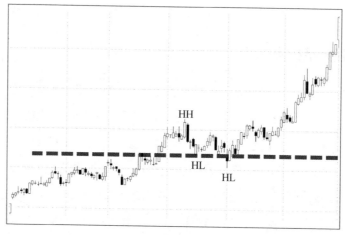

图 5-18　再吸筹区的处置

| 5.6　大行情的技术分析与交易方法 |

大行情的基础图表是日 K 线图。分析大行情主要关注的是日 K 线图的趋势，以及趋势结束后的逆趋势。大行情通常持续几个月到几年。

5.6.1　大行情与有效突破

通常进取型交易者偏重于研究大行情与有效突破，因为这是做交易赚钱效率最快的时间段。裸 K 线交易法把有效突破都归类为对关键水平线的有效突破，并主观认为有效突破后都会跟随一段或短或长的趋势行情。因此，交易策略就是向上突破关键水平线就买进做多，向下突破关键水平线就卖出做空。

有效突破交易策略采用这样的表述并不合适，因为突破这种价格行为非常复杂，具体来说有以下两点。

第一，裸 K 线交易法中，有效突破必须出现压力支撑互换，或是支撑压力互换的价格行为。与假突破两次穿越辅助线不一样，有效突破的价格行为相对复杂一些，不确定性也更高一些。相对复杂性体现在有效突破可能反复多次穿越特定的辅助线；不确定性则体现在任何看起来有效的突破，在随后很短的时间内又会变成假突破。

第二，有效突破是价格运动正在或是即将进入强势运动阶段的信号，必然伴随着远超过平常的价格波动。价格大幅波动的市场阶段，对任何类型的交易者都不友好。

在有效突破交易策略中，按照威科夫的价格循环，区间结构转趋势结构分为吸筹区转趋势和再吸筹区转趋势两种类型。因此，裸 K 线交易法的有效突破交易策略实际上是三种：吸筹区转趋势、再吸筹区转趋势和趋势转逆趋势。

图 5-19 是做多三种有效突破交易策略的全景图。图 5-19（a）是下跌趋势转上涨趋势，特征是以极限低点，作为下跌趋势的终点和结构转化的逆转点。极限低点出现后，新的上涨趋势很快形成。图 5-19（b）是下跌趋势结构—区间结构—上涨趋势结构，区间结构是威科夫所说的吸筹区。图 5-19（c）是上涨趋势结构—区间结构—上涨趋势结构，区间结构是再吸筹区。

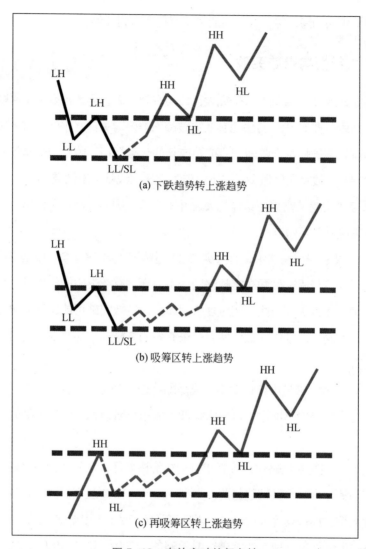

(a) 下跌趋势转上涨趋势

(b) 吸筹区转上涨趋势

(c) 再吸筹区转上涨趋势

图 5-19　有效突破的复杂性

5.6.2　从趋势到逆趋势两段大行情的全景图

图 5-20 是离岸人民币兑美元的日线图，时间是从 2019 年 8 月到 2022 年 10 月初，其间走出了两段大行情。图中呈现了三种有效突破交易策略的典型全景图。

①是区间结构转下跌趋势，即派发区转下跌趋势。

②是下跌趋势转上涨趋势，也可以看成是吸筹区转上涨趋势。

③是再吸筹区转上涨趋势。

④是派发区，⑤是吸筹区，⑥是再吸筹区。

接下来分别讨论①②③对应的有效突破的交易背景和盘势细节。

图 5-20　离岸人民币兑美元日线图（2019 年 8 月至 2022 年 10 月初）

5.6.3　向下的有效突破确认下跌趋势

图 5-21 截取了图 5-20 中的平台④及①对应的区域。在局部放大的日 K 线图中，可观察到典型的支撑压力互换，其中的红色三角形对应有效突破区域的红色三角形。

图 5-21 的交易背景是第二次触及阻力线的时候，并没有创出新高，技术上就形成了双顶形态，支撑线也就因此成为了双顶形态的颈线。有效突破是技术上对颈线的突破和反抽确认。

图 5-22 是图 5-21 中副图的细节图（日线）。在反抽颈线（先前的支撑线）的过程中，在颈线下方出现了一阳一阴两根长上影线十字星 K 线，可以作为逆转信号 K 线。随后跌破两根十字星最低价的阴线，这是卖出做空的进场点之一，短

线盈亏比也接近 2。事实上，这是中长线做空的最佳区间，有经验的裸 K 线交易者实际的盈亏比可能接近 8。

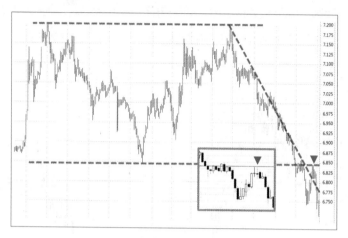

图 5-21　有效突破的支撑压力互换

图 5-22　图 5-21 中副图的细节图（日线）

5.6.4　下跌趋势转上涨趋势视角的技术分析与交易方法

按照趋势结构转逆趋势结构的视角进行技术分析，图 5-23 截取了图 5-20 从平台④的尾声到平台⑤，包含了整个下跌趋势。

下跌趋势转上涨趋势，前提是下跌趋势已经结束。如图 5-23 所示，采用下跌趋势线的分析工具，画出 5 根下跌趋势线，图中仅标注了①号线和⑤号线（红色）。趋势结束的早期信号是突破下跌趋势线；随后能够根据盘势画出上涨趋势线，就很可能是下跌趋势转上涨趋势。在趋势的中后期，总共出现了 3 次，分别对应的是①②③（黑色）。副图是右下角③（黑色）对应的区域，红色三角形指示了 LH0。

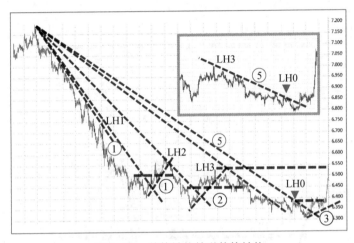

图 5-23　趋势结构转逆趋势结构

图 5-23 中①②③（黑色）的位置都可能是下跌趋势转上涨趋势，研判的关键是有效突破。有效突破首先是对下跌趋势线的突破（斜线），其次是形成新的逆向趋势线，更重要的是对相邻的 LH 的突破（水平线）。

①②③（黑色）中，①②是下跌趋势中的反弹，只有③在大幅上涨之后才满足了下跌趋势转上涨趋势的判断标准。但是，另外一个视角则是，价格上涨突破 LH3 的时候，更高的 LH2 近在咫尺，技术上很容易以相邻的 LH（即 LH2 和 LH3）的价格区间形成关键阻力线。

交易实践中，在长期大幅下跌的中后期，一些裸 K 线交易者会主观认为当下正在做趋势转逆趋势。基于这样的主观判断，只要当盘势连续出现两个价格行为就视为主观判断成立。第一个价格行为是突破正在使用的下跌趋势线，第二个价格行为是形成新的上涨趋势线。因此，在①②③（黑色）的区间都会进场。

另外一些裸 K 线交易者则更有耐心，会等待盘势出现第三个价格行为，即价格穿越最近的 LH。这类交易者在①②（黑色）就不会进场，只在③的区间等待价格涨过最后一个 LH（即 LH0）才进场。

如图 5-24 所示，①和②是两种不同的进场策略。①代表了激进交易者的策略，试图抓住趋势的逆转点，通过更早一些进场，从而获得更高的盈亏比。而②则是更典型的趋势转逆趋势有效突破交易策略。

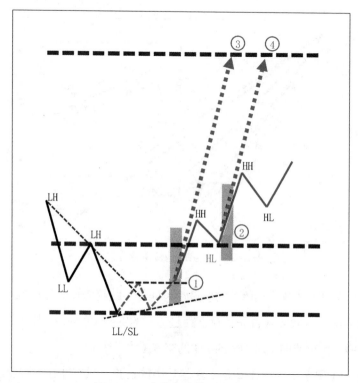

图 5-24　有效突破的两个进场点

当①的走势对路时，随后的上涨趋势可能到达目标价位③附近。当②的走势对路时，随后的上涨趋势可能到达目标价位④附近。关于目标价位③和④，通常主观认为二者是相等的。

5.6.5　吸筹区转上涨趋势视角的技术分析与交易方法

对大行情做吸筹区转上涨趋势的技术分析时，可以使用更大时间周期的 K 线图。图 5-25 是离岸人民币兑美元的季线图，时间从 2016 年 3 月至 2022 年 10 月初。在全世界热烈讨论人民币汇率是否破 6.00 元的舆论氛围中，盘势已经呈现出见底的价格行为，2022 年 3 月的季线是接近支撑线的十字星，是趋势可能逆转的信号 K 线。需要说明的是，对于大型趋势行情的研判，裸 K 线交易者也常使用月线和季线。

图 5-25　离岸人民币兑美元的季线图（2016 年 3 月至 2022 年 10 月初）

按照吸筹区转上涨趋势的视角进行技术分析，图 5-26 重点关注了图 5-23 的吸筹区。不同的裸 K 交易者根据自己不同交易风格，可能会在图 5-26 中画出不一样的吸筹区。下面就图 5-26 中的红色方框（持续时间短的小吸筹区）展开讨论。

图 5-26　吸筹区的不同画法

将此区域放大，便是图 5-27 下方的 K 线图。为了更好地分析"转趋势"的过程，参考图 5-23，画出下降趋势线、阻力线和支撑线。

图 5-27　吸筹区转趋势

图 5-27 中的⑤（红色）对应了图 5-23 的⑤（红色）下降趋势线。⑤（红色）下降趋势线是图 5-23 中画出的最后一根下降趋势线，代表了长期下跌趋势。

图 5-27 中的红色下跌趋势线是针对短期日 K 线图的小型下跌趋势线。它与长期下跌趋势线都经过了下跌趋势线范围内的最后一个 LH（LH0）。

注意，图 5-27 中的①（黑色）水平线对应了图 5-23 中的以 LH0 做的水平辅助线。

图 5-27 上方的 K 线图放大了短期上涨趋势，还添加了 20 均线和 60 均线辅助分析。

注意，向上的红色三角形对应的大阳线同时穿越了四根辅助线，分别是小型下跌趋势线、长期下跌趋势线、20 均线和 60 均线。随后一根长下影线的实体阳线回踩了长期下跌趋势线和 20 均线，并且收盘价站上了①（黑色）水平线。

两根阳线显示出了多方的强势，是最重要的信号 K 线。需要说明的是，裸 K 线交易法并不需要同时使用多个技术分析工具，图 5-27 的两根下跌趋势线和两根均线，各采用一根即可。

信号 K 线出现之后可以制订交易计划，目标价位在 LH3 附近。

5.6.6　上涨趋势的技术分析与交易方法

对上涨趋势做技术分析，主要是在价格上涨过程中，观察阻力位附近出现的价格行为。图 5-28 截取了图 5-20 从平台⑤到平台⑥之间的上涨趋势。

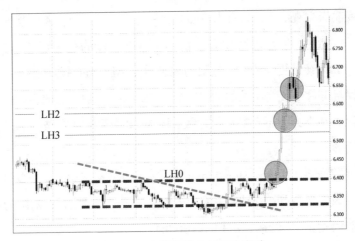

图 5-28　上涨趋势中的三次突破

市场从下跌趋势结构转化成上涨趋势结构，随后出现了三次突破。第一次是针对 LH0 的突破，没有在日 K 线图上出现压力支撑互换。第二次是针对 LH3 的突破，盘势有一次压力支撑互换。第三次是针对 LH2 的突破，由于 LH2 是大型吸筹区的阻力线（参见图 5-26 中的灰色方框），被突破后便是强势的压力支撑互换，回撤的低点并没有触及 LH2。

现在出现了一个问题，若采用有效突破后重新测试先前阻力线买进的方法，第一次和第三次突破都没有买进机会。对于这样的情形，一些交易者选择放弃交易，因为他们个人的有效突破交易策略主观规定了买进规则，只在回撤的时候，接近阻力线的位置进场。

还有一些交易者则采用了另外一种逻辑，能够在案例中的三次有效突破中都能买进。这种方法叫作"买高卖更高"，就是突破追涨买，俗称"追涨杀跌"。

这两种买法没有对错之分，只是各自交易策略的逻辑不一样而已。

按照有效突破的定义，有效突破后都会出现沿着突破方向的一段趋势，最小幅度是突破前价格结构空间的对称涨幅。

以区间结构突破为例，最小幅度就是支撑线和阻力线之间的绝对数值。既然是一段趋势上涨，就必然出现 HH 和 HL。以阻力线作为可能的 HL，交易者可以主观上把阻力线上方某个特定价位定义为 A，作为强势突破的参考价位。

很明显，A 一定在阻力线上方，因为 A 之后回撤的低点 HL 已经主观假设为阻力线。交易者主观认为，只有当价格穿越阻力线，并且到达 A 的强度，才有可能在随后的回撤中，低点在阻力线附近，从而形成典型的有效突破形态——压力支撑互换。如果突破更强势，穿越阻力线之后，必然超过 A 之后才会出现回撤。在假设回撤幅度都是 A 到阻力线的空间数值的条件下，更强势的突破回撤的低点就一定在阻力线上方，不会触及阻力线。图 5-28 中第一次突破和第三次突破就是这样的情形。

交易者追涨买使用 Buy Stop 的下单模式，也叫止损多单。A 的数值主要是防止买在假突破的最高点。交易者采用的逻辑是，假突破通常是针对阻力线的小型穿越，不能触及 A。问题在于，A 的数值如何确定。

众所周知，裸 K 线交易者几乎不使用指标。但是，有经验的裸 K 线交易者会使用 ATR 指标，主要用在突破买进和止损单的设置上。当交易者主观认为价格会强势有效突破的时候，在突破前（价格还在阻力线下方），根据使用的时间周期（本书是日线）显示的 ATR 数值，确定 A 点。一般以阻力线为参考，向上加一个 ATR 值，再加上点差，就是 Buy Stop 的价格。

如图 5-29 所示，下跌趋势中，最后一个更低的高点 LH 的数值是 19.12 元 / 股。红色箭头的当天盘势显示出可能会有效突破，当天的 ATR 数值是 0.76 元 / 股，点差主观确定为 0.05 元 / 股，A 的数值等于 19.93 元 / 股。当天的涨停价是 19.49 元 / 股，没有到达 A 的数值。第二天跳空高开，开盘价为 19.87 元 / 股，收盘价为 20.78 元 / 股，随后几天调整的低点是 20.20 元 / 股。Buy Stop 订单买进后，不同的交易者根据个人的买卖规则确定止损价。

图 5-29　ATR 买入法[1]

实践中，有些交易者会采用涨停板后第一天的 ATR 数值，原因在于采用了当日规则。当天的 ATR 数值是 0.85 元／股，A 的数值则是 20.02 元／股。

还有一些交易者采用另外的方法确定 A 的数值，例如阻力线上方的 3%。这样处理，案例中 A 的数值就是 19.69 元／股（19.12×1.03），加上主观确定的点差 0.05 元／股，Buy Stop 订单价格就是 19.74 元／股。涨停板第二天的最低价是 19.62 元／股，交易者能够买上。

需要注意的是，在涨停板制度下，一段强劲的上涨可能分两天或是两天以上的时间完成，中间可能会出现跳空缺口，正好在交易者设置的 A 的数值上方，导致 Buy Stop 订单方式不能成交。

5.6.7　再吸筹区转上涨趋势视角的技术分析与交易方法

接下来按照吸筹区转上涨趋势的视角进行技术分析，图 5-30 截取了图 5-20 中的平台⑤的尾声、平台⑥直至③对应的区域。

图 5-20 中的平台⑥（再吸筹区）是价格突破 LH2 阻力线之后的大型吸筹区。仔细观察它的内部结构，市场形成了 HH-HL，这段调整的低点 HL 没有触

---

[1] ATR 买入法是一种裸 K 线交易技术中的高级买入技巧。

及 LH2，这是强势的压力支撑互换。交易者可以由此主观判断在 LH2 上方的价格区间，可能是一个再吸筹区。当价格突破再吸筹区后，会有一段趋势运动。真实的价格运动确实如此。

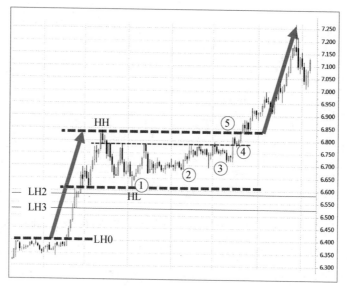

图 5-30　再吸筹区转上涨趋势

由于真实的交易并不能"看见"未来的走势图，在分析图 5-20 中的平台⑥时，要利用区间结构的分析技术，利用摆动高点 SH 和摆动低点 SL 来跟踪这段走势。图 5-30 中标注的①②③④⑤，是主观判断时的重点。

其中，⑤是最清晰和直接的判断点，典型的突破阻力线之后的压力支撑互换，区间结构转趋势结构的三个价格行为都出现了，正常执行压力支撑互换的交易策略即可。

①的交易策略可采用压力支撑互换交易策略。市场从平台⑤的尾声强势突破 LH0 的阻力线后，快速到达 HH 之后开始回调。由于回调的低点 HL 价格高于 LH2，并且形成 HL 的 K 线是一根长下影线十字星线，这是典型的逆转信号 K 线。需要说明的是，由于 HL 是针对基于 LH2 的大型吸筹区的突破回撤，所以有经验的交易者会主观判断，可能会有一个较长时间的横盘走势。

②和③是区间结构内底部抬高的价格行为。④是突破了区间内的小型阻力

线。很多交易者会在②③④的区域进场，原因有两点：一是突破 LH0 到 HH 是一段强势的上涨趋势，随后的调整可能是一次简单的快速调整，①②③④的位置都可能是新一轮快速上涨的起始点；二是①②③④的位置买进的价格相对于⑤的位置会更低，有更高的盈亏比。

　　同样是做再吸筹区的有效突破，不同交易者的技术细节有巨大的差异。这些差异是个性化的，是成功交易者最重要的技术诀窍，也是裸 K 线交易法学习者需要大量读图和反复练习的关键点。

　　裸 K 线交易法最核心的技术是分析辅助线附近 K 线所呈现的价格行为。如图 5-31 所示，再吸筹区画出了 4 根水平辅助线和 1 根小型趋势线。尽管辅助线都是一个小型价格区间，但是交易者还是能够根据 K 线画出相对更有参考价值的辅助线（更紧的价格区间）。

图 5-31　再吸筹区的辅助线

　　例如，再吸筹区的阻力线依据 HH 确定，可以参考 HH 之前的最后一根大阳线的收盘价和 HH 阴线的开盘价，并把两根 K 线的上影线部分作为阻力线的小型价格区间。这样的画法，对判断突破阻力线后回撤的可能低点就很有帮助。

　　同样的道理，以最左侧阴线（突破 LH2 的回撤低点）收盘价和随后大阳线开盘价作为可能的支撑线，对随后长下影线十字线的低点（HL）判断也有帮助。

　　区间内部两根水平线，一根是压力支撑互换水平线，另外一根是区间内的重

155

要阻力线。仔细观察价格运动在这些辅助线附近都出现了什么样的价格行为，对于交易者形成个人的交易经验非常重要。

裸K线交易者在读图的过程中，要强化训练寻找高质量交易机会的主动意识。在HL出现后，随后的上涨遇阻回落，一些交易者会意识到，再吸筹区可能出现较长的区间运动，并会选择在场外观察。当出现红色三角形对应的第二根长下影线的十字线（见图5-31）后，交易者会认为这是价格可能变化的信号，但这并不是一个好的进场机会。原因在于这根信号K线出现在再吸筹区的中上位置，距离区间内的重要阻力线太近了，并不是一个交易优势区。用十字线的低点修正区间内小型上涨趋势线后，交易者就会等待上涨趋势线与区间内压力支撑互换水平线交叉点的出现，这里可能是一个热区。一根中阴线触及水平辅助线进入热区后，随后出现了两根孕线。这样的价格行为就是一些裸K线交易者进场的标志。

由此可知，不同的裸K线交易者根据各自的经验和偏好，形成了大同小异，但是又极具个人特征的有效突破交易策略。这里的大同小异，异的成分远远大于同，但是表面看起来又是同的成分多。

5.6.8 关于大行情交易策略的总结

本书采用有效突破作为讨论大行情的基础。有效突破是指威科夫价格结构中的吸筹区和再吸筹区（区间结构）转趋势结构的突破。

第一，横向运动的区间结构通常需要较长的时间。

第二，有效突破发生在区间结构的中后期，分为突破前、突破和突破后三个阶段，对应三种进场方法：抬高的底部买、突破买和突破后压力支撑互换买。卖点都以可能的趋势高点为参考点。

第三，成功掌握和执行有效突破交易策略，要求交易者具备正确的知识，并需要大量的练习和经验，裸K线交易者通常都有个性化的交易诀窍。

| 5.7 关于交易策略的三个经典辩题 |

众所周知，传统技术分析往往流于纸上谈兵，市场一直都在诟病这个弊端。

裸 K 线交易法的出现和发展，就是为了解决技术分析这个问题。但是，很多人在学习裸 K 线交易法的过程中，又陷入了"裸 K 线交易法纸上谈兵"的新泥潭。其主要原因在于不了解裸 K 线交易法的交易哲学，也就是裸 K 线交易法的底层逻辑。

几乎所有的领域，都会存在一些特定的经典辩题。通过对经典辩题的讨论，往往能够正本清源，从知其然到知其所以然。

5.7.1　左侧交易与右侧交易

一段下跌趋势结束后，转上涨趋势，无论是趋势直接转逆趋势，还是中间衔接一个吸筹区，在盘势上都会存在下跌趋势的极限低点。以极限低点作为分界点，在左侧的下跌过程中买进，就是左侧交易；在极限低点出现后的右侧，价格逐渐上涨，在上涨过程中的买进则是右侧交易。左侧交易的优点是买进价格低，缺点是风险高；右侧交易的优点是风险低，买进的价格高。

一些有经验的交易者会对上述说法嗤之以鼻，认为是典型的纸上谈兵。在价格运动过程中，没有人能够标注出下跌趋势的极限低点，并据此分为左侧和右侧。但是，在裸 K 线的交易策略中，则充分利用了左侧交易和右侧交易的逻辑。例如，下跌过程中，逆转信号 K 线的最低价就是主观认定的可能极限低点，并据此把价格运动分为左侧和右侧。

裸 K 线交易法认为，分析市场的价格运动可以采用威科夫的价格循环和价格结构，更底层的逻辑是聪明钱和笨钱的筹码互换。裸 K 线交易者利用技术分析的工具，读懂盘势呈现的价格行为，主观做出判断，采用特定的交易策略拟订交易计划，进场交易。因此，裸 K 线交易者的开仓（做多 / 做空），通常是主观认定（辅助线附近的信号 K 线）后的右侧交易，离场则由交易策略的平仓规则确定，可以是左侧，也可以是右侧。

真实的底层逻辑是，裸 K 线交易者进场（开仓）是主观的右侧交易。以做多为例，无论是支撑线买进还是压力支撑互换买进，都有一个假设的前底（相对的极限低点）。交易者依靠这个假设的前底设置止损价格。如果价格跌破假设的前底，就直接证明先前的主观判断出错了。止损离场后，按照一般技术分析的左侧交易与右侧交易，裸 K 线交易者又变成了所谓的左侧交易者。

5.7.2　短单与长单

这个辩题讨论的重点是持股时间和盈利空间。短单持股时间短，盈利空间相对较小；长单持股时间长，盈利空间相对更大。通常情况下，短单对应更小的时间周期，长单对应大一些的时间周期。总结就是，短单做的是小型价格波动；长单做的是大型价格波动。

裸 K 线交易法针对这个辩题，会基于市场的事实和交易规则确定两个前提：一是最优秀个体交易者的主要盈利都来自大型的趋势行情；二是任何一笔交易都不能出现重大亏损。很明显，这是两个相互矛盾的前提。赚大钱要做长单；防止大亏损则不能持有亏损的长单。

裸 K 线交易法不是从技术分析和优化交易策略入手，因为这样的思路很难解决短单和长单的问题。裸 K 线交易法是建立正确的底层逻辑，从执行角度（订单管理）出发，难题迎刃而解。具体有以下三点。

第一，所有的交易都是从短单开始的。

第二，大型趋势阶段，盈利的短单通过持股待涨和加仓的策略，变成能够赚大钱的长单。

第三，任何情况下，及时砍掉亏损的短单。

5.7.3　交易策略的历史回测

裸 K 线交易法最重要的工具之一是交易数学。一些裸 K 线交易者热衷于特定交易策略的历史回测，并把其结果作为判断优劣的标准。很多情况下，简单的历史回测是新的纸上谈兵。

裸 K 线交易法的任何一种交易策略都是基于某种特定的价格行为，而特定的价格行为只会出现在市场的特定阶段。市场阶段—价格行为—交易策略，三者具有对应关系。从逻辑上来说，任何一种交易策略都很难适合市场的所有阶段，这也是裸 K 线交易法需要交易者主观判断的原因所在。以向上突破买进的交易策略为例，在下跌趋势和横向运动这两种市场阶段，胜算必然会很低；而在上涨趋势阶段，则是高胜算的交易策略。

对于交易策略的历史回测，多数的回测方案没有考虑到市场阶段这个重要因素，回测方案本身存在很大程度的逻辑缺陷，其结论的意义也就相对有限。因此，裸 K 线交易者使用历史回测这个辅助工具时，要清楚特定交易策略本身的逻辑基础，设计更合理的回测方案。

在双向交易和极低交易成本（接近忽略不计）的前提下，如果是针对小型（超小型）价格运动的交易策略，则另当别论，很大程度上不需要考虑市场阶段。原因在于这种交易策略存在另外一种底层逻辑，本书在此不展开讨论。

第**6**章

裸 K 线交易法的
交易数学

| 6.1 交易数学是什么 |

"数支配着宇宙"，这是古希腊哲学家和数学家毕达哥拉斯的名言。数学是科学的工具，能够通过创立概念，并建立概念之间的联系，从而揭示宇宙的真相。

在交易领域，有两个领域广泛采用了数学工具。一是技术分析。很多技术分析大师试图找到价格运动内在的数理逻辑，例如交易者熟知的波浪理论、谐波理论，以及斐波那契数列等。二是对交易行为的分析采用了概率论。

交易数学是与交易行为有关的数学，这是裸 K 线交易法最重要的理论基础之一。交易数学对交易行为建立了一套科学分析的思维模式，帮助交易者弄清楚交易行为与交易结果之间的联系，并找到提高盈利的有效方法。

需要注意的是，交易数学的模型具有高度抽象的特点。原因在于只有高度抽象才能对交易行为展开有效分析，并建立各因素之间的联系。一些情况下，交易数学的结论可能明显地反常识。

更重要的是，高度抽象的数学模型与真实的交易有很大的差异，交易者不能简单地照本宣科，或是人云亦云。真正用好交易数学，交易者需要从抽象回到具体，在建立交易体系的过程中参考交易数学的思维方式，以及在交易行为中使用有效的结论。

总之，交易者需要理解交易数学的原理，在科学认知市场和交易行为的基础上，建立有效的交易体系，执行符合数学逻辑的交易行为。

| 6.2 交易行为的数学逻辑 |

交易账户中的资金是所有交易行为的出发点和落脚点。裸 K 线交易法最核心的理念是账户资金曲线的管理，包括资金曲线的正向增长、防止大幅度回撤，以及避免出现重大亏损。这个概念同时也是裸 K 线交易法与传统交易法的分水岭。换句话说，裸 K 线交易法是"做账户"，传统的交易法是"做交易"。

在裸 K 线交易法中，"做交易"是手段，"做账户"才是目的。因此，相对于传统的交易者，裸 K 线交易者需要学习和掌握一套新的知识体系——交易行为的数学逻辑。

6.2.1　涨幅与跌幅

在 10% 的涨停板制度的市场中，很多交易者认为涨 10% 赚的钱与跌 10% 亏的钱是一样的。运气不好，吃了一个跌停板，第二天来一个涨停板就回本了，事实却不是这样的。例如，一只股价为 100.00 元 / 股的股票，当天跌停：

$$100.00 \times (1-10\%) = 90.00$$

第二天涨停：

$$90.00 \times (1+10\%) = 99.00$$

价格并没有回到 100.00 元 / 股，而是 99.00 元 / 股，每股差了 1.00 元！

假设交易者采用一个盈亏比 1：1 的交易策略（盈亏幅度都为 10%），胜算是 50%，盈亏交替出现，10 次之后的结果是：

$$100.00 \times 1.1 \times 0.9 \times 1.1 \times 0.9 \times 1.1 \times 0.9 \times 1.1 \times 0.9 \times 1.1 \times 0.9 \approx 95.10$$

很明显，看似一个不赔不赚的交易策略，长期下来却是必然亏钱。为什么会这样呢？因为数学中：

$$100 \times 0.9 \times 1.1 \neq 100$$

$$100 \times 0.9 \times 1.1111 = 99.999 \approx 100$$

数学表明，跌停板的个股，需要上涨 11.11% 才能回本，而不是涨停板的 10%。

如表 6-1 所示，跌幅 50% 的个股，需要成为翻倍股才能回本；跌幅 90% 的个股，需要成为 10 倍股才能回本。

因此，交易者要牢记交易数学的第一条：百分比的跌幅与涨幅不一样。

从表 6-1 中的数据可以看出，无论账户总资金还是单笔交易，交易者都应该把亏损控制在 10% 以内。

表 6-1 跌幅与涨幅

本金（元）	跌幅	涨幅	百分比差额	恢复本金（元）
100.00	0.00%	0.00%	0.00%	100.00
90.00	10.00%	11.11%	1.11%	100.00
80.00	20.00%	25.00%	5.00%	100.00
70.00	30.00%	42.86%	12.86%	100.00
60.00	40.00%	66.67%	26.67%	100.00
50.00	50.00%	100.00%	50.00%	100.00
40.00	60.00%	150.00%	90.00%	100.00
30.00	70.00%	233.33%	163.33%	100.00
20.00	80.00%	400.00%	320.00%	100.00
10.00	90.00%	900.00%	810.00%	100.00

6.2.2 复利

复利是交易数学中的魔法师，公式如下：

$$F = P \times (1+i)^n$$

其中，P = 本金；i = 利率；n = 持有期数。

很多进入交易领域的新人都曾经有一个梦想，投入 1 万元，每天就只赚 1%，在复利的加持下，100 次交易后就是 27048.14 元。半年赚到了 17048.14 元，170% 收益率！

$$F = 10000 \times (1+1\%)^{100}$$

$$= 27048.14$$

当然，这只能是一个梦想，几乎没有任何人可以做到。这个梦想最大的困难在于连续 100 次的成功，在真实的交易中太难了。

事实上，每一次交易都会有费用。假设每买卖一次的总费用是 0.1%，代入复利公式：

$$F = 10000 \times (1-0.1\%)^{100}$$

$$= 9047.92$$

计算的结果是 9047.92 元。100 次的平进平出，交易者损失了 952.08 元，亏损率为 9.52%。

交易者正确理解复利公式，需要从交易数学的视角出发。公式中，本金（P）作为常数，i 和 n 是两个独立的变量。但是，交易中的 i 和 n 关联性极强。例如，中长线操作模式下，i 就会相对较大，同时也导致交易需要更多的时间，n 就变小。

假设特定的交易策略规定了单笔交易的持续时间，i 也同时为正。这样的情形也会导致某些时间周期是无效交易，降低了 n。更常见的情形是，规定单笔交易的持续时间后，i 有可能会变小。

交易领域直接套用复利公式并不恰当。只有当交易者的交易系统稳定后，才会出现相对稳定的 i 和 n。因此，交易者需要了解更多与交易有关的数学工具，才能逐渐稳定自己的交易系统，让复利公式的魔法真正发挥作用。

6.2.3　盈亏比

理解交易中的盈亏比，一般都借用博彩业的赔率概念。

博彩业的赔率是指损失的本金与盈利金额的比例。例如，1∶3 的赔率，100.00 元的本金，错了，亏 100.00 元；对了，拿回 300.00 元，扣除 100.00 元的本金，赚 200.00 元。

交易中的盈亏比是指盈利与亏损的比例，一般情况下使用的是百分比。例如，止盈赚 6%，止损亏 2%，这笔交易的盈亏比就是 3∶1。

对比赔率和盈亏比两个概念，存在以下几个重要的差异。

第一，赔率是直接损失全部本金；盈亏比是损失部分本金。

第二，赔率真实的盈利要扣除本金，1∶3 赔率赢家真实的盈利率是 200%。盈亏比则是实际的盈利率。

第三，赔率是金额的比例；盈亏比是金额百分比的比例。

第四，赔率是博彩业标准的客观业务行为，赔率是多少就是多少。盈亏比受到市场的制约（例如跌停板无法成交）和交易者的主观修正，通常情况下并不是标准行为。交易策略中的盈亏比，往往与真实交易的盈亏比有很大的差异。

6.2.4　胜率

胜率是指博弈的成功率。胜率有两个含义：一是指获胜（成功）的概率；二是指多次博弈后的统计比率。

博彩业的"胜"就是赢，必然对应相应的赔率，其收益也必然是确定的数值。交易中的"胜"则有多重含义，确定性远不如博彩业。

例如，一个盈亏比为 3 的交易策略，6% 止盈，2% 止损。"胜"的标准有以下三种。

第一，盈利在 0 ~ 5.99% 之间。

第二，盈利正好是 6%。

第三，盈利大于 6%。

实际交易中，往往第一种和第三种情形占多数。因此，交易者需要统计真实的胜率和真实的盈亏比。一般情况下，三种情形都算胜，之后再统计平均盈利率。输的统计也同样处理，得出平均亏损率。平均盈利率除以平均亏损率就是真实的盈亏比。

6.2.5　数学期望

数学期望是概率学的重要概念。数学期望是指事件在概率确定时最终发生的期望值，其计算公式为：

$$S= \sum （事件收益 \times 事件概率）$$

关于博彩业的博弈，事件的结果只有赢或输两种标准情形。假设赢的概率（胜率）为 P，输的概率为 $1-P$；假定输的损失为 -1，赔率是 R，则事件输为 -1，事件赢为 R，代入上面的数学期望公式，得到：

$$S= 事件赢 \times 胜率 + 事件输 \times 输的概率$$

$$=R \times P+(-1) \times (1-P)$$

$$=R \times P-1+P$$

$$=P \times (R+1)-1$$

不同胜率和盈亏比对应的期望值（数学期望）有负有正。对于博彩业中任何一种博弈，博彩公司都会利用规则和信息优势，让博彩方具备正的期望值；投注方整体作为对手方，只能具有负的期望值。因此，作为个体的投注方，会在某些时候获得正收益，长期下来只能获得负收益。这就是久赌必输的数学逻辑。

如果投注方能够主动选择，必然只会参与期望值为正的博弈。表 6-2 中罗列了特定赔率期望值正负转折（期望值为 0.00）的临界胜率，例如赔率为 4 的情况下，胜率需要 20%。

表 6-2　数学期望的正负值

胜率 ＼ 赔率	1	2	3	4	5	6
5.00%	−0.90	−0.85	−0.80	−0.75	−0.70	−0.65
10.00%	−0.80	−0.70	−0.60	−0.50	−0.40	−0.30
14.29%	−0.71	−0.57	−0.43	−0.29	−0.14	0.00
16.67%	−0.67	−0.50	−0.33	−0.17	0.00	0.17
20.00%	−0.60	−0.40	−0.20	0.00	0.20	0.40
25.00%	−0.50	−0.25	0.00	0.25	0.50	0.75
30.00%	−0.40	−0.10	0.20	0.50	0.80	1.10
33.33%	−0.33	0.00	0.33	0.67	1.00	1.33
40.00%	−0.20	0.20	0.60	1.00	1.40	1.80
50.00%	0.00	0.50	1.00	1.50	2.00	2.50
60.00%	0.20	0.80	1.40	2.00	2.60	3.20
70.00%	0.40	1.10	1.80	2.50	3.20	3.90
80.00%	0.60	1.40	2.20	3.00	3.80	4.60
90.00%	0.80	1.70	2.60	3.50	4.40	5.30
100.00%	1.00	2.00	3.00	4.00	5.00	6.00

表 6-2 中的数据还表明，期望值是胜率和赔率共同的结果。在相对高赔率的情况下，即使较低的胜率，期望值也会很高。例如赔率为 5 的情况下，50% 的胜率对应的期望值是 2.00，意味着 2 倍的收益。

尽管交易不是标准的博彩型博弈，但是也能借助期望值分析交易行为。交易中的结果分为盈利和亏损。假设盈利的概率为 P，则亏损的概率为 $1-P$；假定亏损为 -1，盈亏比是 R，则事件亏损为 -1，事件盈利为 R，代入上面的数学期望公式，得到：

$$S= 事件盈赢 \times 盈利概率 + 事件亏损 \times 亏损概率$$

$$=R \times P+(-1) \times (1-P)$$

$$=R \times P-1+P$$

$$=P \times (R+1)-1$$

交易者可以把上述公式直观化，盈利的概率为 P（盈），亏损的概率为 P（亏），盈亏比为 R，得到直观的公式：

$$S=R \times P（盈）-P（亏）$$

进一步直观化：

$$S= 盈利率 \times 胜率 - 亏损率 \times 败率$$

在讨论交易中的期望值之前，需要注意的是，博彩业的输是损失所有的本金，交易中的亏损是损失本金的一部分（一般指本金的百分比）。因此，交易的实际亏损额才是博彩业对应的本金。

表 6-3 是胜率为 30% 的情况下，百分比止损从 1% ~ 10% 对应不同盈亏比计算出来的期望值。数据显示，盈亏比为 2，期望值为正对应的最小胜率是 33.33%。因此，在胜率为 30% 的情况下，只有 3 以上的盈亏比才是有利可图的交易。

表 6-3　交易中胜率为 30% 的数学期望

百分比止损 盈亏比	1	2	3	4	5	6
1.00%	−0.40%	−0.10%	0.20%	0.50%	0.80%	1.10%
2.00%	−0.80%	−0.20%	0.40%	1.00%	1.60%	2.20%
3.00%	−1.20%	−0.30%	0.60%	1.50%	2.40%	3.30%
4.00%	−1.60%	−0.40%	0.80%	2.00%	3.20%	4.40%
5.00%	−2.00%	−0.50%	1.00%	2.50%	4.00%	5.50%
6.00%	−2.40%	−0.60%	1.20%	3.00%	4.80%	6.60%

续表

盈亏比 百分比止损	1	2	3	4	5	6
7.00%	−2.80%	−0.70%	1.40%	3.50%	5.60%	7.70%
8.00%	−3.20%	−0.80%	1.60%	4.00%	6.40%	8.80%
9.00%	−3.60%	−0.90%	1.80%	4.50%	7.20%	9.90%
10.00%	−4.00%	−1.00%	2.00%	5.00%	8.00%	11.00%

表 6-4 是胜率为 55% 的计算数据。数据显示，盈亏比为 1 的情况下，胜率超过 50% 的期望值就为正，是有利可图的交易。

表 6-4　交易中胜率为 55% 的数学期望

盈亏比 百分比止损	1	2	3	4	5	6
1.00%	0.10%	0.65%	1.20%	1.75%	2.30%	2.85%
2.00%	0.20%	1.30%	2.40%	3.50%	4.60%	5.70%
3.00%	0.30%	1.95%	3.60%	5.25%	6.90%	8.55%
4.00%	0.40%	2.60%	4.80%	7.00%	9.20%	11.40%
5.00%	0.50%	3.25%	6.00%	8.75%	11.50%	14.25%
6.00%	0.60%	3.90%	7.20%	10.50%	13.80%	17.10%
7.00%	0.70%	4.55%	8.40%	12.25%	16.10%	19.95%
8.00%	0.80%	5.20%	9.60%	14.00%	18.40%	22.80%
9.00%	0.90%	5.85%	10.80%	15.75%	20.70%	25.65%
10.00%	1.00%	6.50%	12.00%	17.50%	23.00%	28.50%

真实交易中，胜率是一个变量，很大程度与百分比止损的设置有关。交易者需要在盈亏比确定（技术分析）的情况下，合理设置止损价格，以实现更好的交易结果。

表 6-3 和表 6-4 还呈现出一个事实，交易中的期望值与百分比止损成比例关系。

表 6-3 中，盈亏比为 4 的时候，止损 8% 的期望值是 4%，止损 4% 的期望值

是 2%，成倍数关系。

表 6-4 中，盈亏比为 4 的时候，止损 8% 的期望值是 14%，止损 4% 的期望值是 7%，也成倍数关系。

这个事实从数学逻辑上证明中长期交易策略的优势。相对于短线和超短线，中长线交易通过承受更大波动空间的价格运动，使得单笔交易能够获得更多的收益。同时，更宽的止损设置，在一定程度上也提高了胜率。

6.2.6　大数法则

交易数学的基础是大数法则。所谓大数法则，就是需要足够多的样本，或是大量重复，才会呈现数学模型的结论。博彩公司的博弈，要么是一局有大量的投注方，要么是长期重复没有任何变化的博弈，自然适合数学模型的结论。但是，特定的交易者即使交易很长时间，实际的交易次数也难以满足大数法则的要求。

大数法则下，胜率为 40% 的交易策略，任何一个交易者都不能期待连续三次交易就一定会有一次成功。事实上，特定的交易者甚至可能出现连续 10 次失败。这是每一个交易者必须牢记和接受的事实。

一些交易者在了解大数法则后，简单采取大量增加交易次数的方式，小仓位交易大量的品种。这样的解决思路和方法有待商榷，原因有三。

第一，针对特定个股的单笔交易，交易结果既与个股有关，也与大盘环境有关。绝大多数个股的走势受大盘的影响更大。因此，即使是小仓位多品种交易，多数品种也会是同样的走势，交易者交易的其实是大盘指数。

第二，超过 10 个交易品种，对于多数的个体交易者来说，都是巨大的负担。

第三，如果采用有限品种，短线或超短线交易，过紧的百分比止损又限制了期望值。

更为合理的解决思路有两个：一是交易独立行情的个股；二是利用历史数据回测，检验特定交易策略相对真实的胜率。

6.2.7　凯利公式

"投机是一门长期的事业。"这句话有两个意思：一是交易者会做很多次交易；二是交易者在任何一次交易中，不能失去所有的本金，也就是爆仓。很明显，在每一次交易中，交易者都需要考虑防止爆仓出局的风险，具体的做法就是谨慎考虑每一次交易的下注金额。

抽象表达是，在连续性风险博弈中，如果胜率和赔率（盈亏比）确定的情况，交易者单笔最合理的下注金额是多少，才能保证多次博弈后不爆仓。

凯利公式给出的单笔下注金额，不但解决了爆仓的问题，还做到收益最大化，因此被称为神奇的凯利公式。

更神奇的是，凯利公式是一个非常简单的公式：

$$f = \frac{bp-q}{b} = \frac{p(b+1)-1}{b}$$

其中，f 表示单笔最优下注比例；b 表示赔率（盈亏比）；p 表示胜率；q 表示失败的概率（$q=1-p$）。

假设交易者采用的交易策略，胜算是 30%，盈亏比是 4，

$$f = \frac{p(b+1)-1}{b} = \frac{0.3 \times (4+1)-1}{4} = 12.50\%$$

按照凯利公式计算出来的下注比例是 12.50%。凯利公式表明，这样的下注比例长期能够实现收益最大化。

表 6-5 是不同胜率对应不同盈亏比按照凯利公式计算的单笔下注金额，负数代表不参与。表中的数据明显地反常识，典型的单品种单笔重仓！有经验的交易者马上就能意识到，这样的下注模式很容易导致重大亏损。

表 6-5　博弈中的凯利公式

盈亏比 胜率	1	2	3	4	5	6
10.00%	−80.00%	−35.00%	−20.00%	−12.50%	−8.00%	−5.00%
20.00%	−60.00%	−20.00%	−6.67%	0.00%	4.00%	6.67%
30.00%	−40.00%	−5.00%	6.67%	12.50%	16.00%	18.33%
40.00%	−20.00%	10.00%	20.00%	25.00%	28.00%	30.00%
50.00%	0.00%	25.00%	33.33%	37.50%	40.00%	41.67%
60.00%	20.00%	40.00%	46.67%	50.00%	52.00%	53.33%

续表

胜率＼盈亏比	1	2	3	4	5	6
70.00%	40.00%	55.00%	60.00%	62.50%	64.00%	65.00%
80.00%	60.00%	70.00%	73.33%	75.00%	76.00%	76.67%
90.00%	80.00%	85.00%	86.67%	87.50%	88.00%	88.33%
100.00%	100.00%	100.00%	100.00%	100.00%	100.00%	100.00%

例如，盈亏比为 4、胜率为 30% 的下注比例是 12.50%。假设运气不好，第一笔交易失败，本金就直接损失了 12.50%！如果连续几次运气不好，按照跌幅与涨幅的规则，这个账户基本上就废了。

出错的原因在于上述凯利公式适用的场景是大数法则下标准的博彩业模式，而个体交易者的交易行为并不符合凯利公式的假设前提。个体交易者既不能完成大数法则要求的实际次数；又不能在多变的市场背景中固定特定交易策略的胜率和盈亏比。更重要的是，理论上存在连续多次的失败的小概率事件并不影响大数法则下的结论，但是在实践中足以摧毁任何一个交易账户。

另外，标准的博彩业模式亏掉的是全部的下注金额。交易并不是这样，亏掉的是止损金额。因此，凯利公式在交易领域的公式是：

$$f = \frac{胜率}{百分比止损} - \frac{败率}{百分比止盈}$$

表 6-6 中的数据是百分比止损为 5% 的计算数据，表中的 2000.00% 就是 20 倍杠杆操作。

表 6-6　交易中的凯利公式

胜率＼盈亏比	1	2	3	4	5	6
10.00%	−1600.00%	−700.00%	−400.00%	−250.00%	−160.00%	−100.00%
20.00%	−1200.00%	−400.00%	−133.33%	0.00%	80.00%	133.33%
30.00%	−800.00%	−100.00%	133.33%	250.00%	320.00%	366.67%
40.00%	−400.00%	200.00%	400.00%	500.00%	560.00%	600.00%

胜率＼盈亏比	1	2	3	4	5	6
50.00%	0.00%	500.00%	666.67%	750.00%	800.00%	833.33%
60.00%	400.00%	800.00%	933.33%	1000.00%	1040.00%	1066.67%
70.00%	800.00%	1100.00%	1200.00%	1250.00%	1280.00%	1300.00%
80.00%	1200.00%	1400.00%	1466.67%	1500.00%	1520.00%	1533.33%
90.00%	1600.00%	1700.00%	1733.33%	1750.00%	1760.00%	1766.67%
100.00%	2000.00%	2000.00%	2000.00%	2000.00%	2000.00%	2000.00%

表 6-6 中胜算为 30%、盈亏比为 4 的下注金额为总资金 250.00%。在 2.5 倍的杠杆下，单笔下注金额是自有资金的 12.5%，与前面公式相同。

$$f = \frac{p(b+1)-1}{b} = \frac{0.3 \times (4+1)-1}{4} = 12.50\%$$

以 10 万元的现金账户为例，胜算为 30%、盈亏比为 4。博彩业下注模式单笔亏损是 12.50%，为 12500 元；交易模式在 5% 止损的约束下，下注比例是总资金的 250.00%，为 25 万元，5% 的亏损同样是 12500 元。

很明显，在大数法则的基础上，凯利公式是一种激进的下注模式。在运气的加持下，确实能够实现利润最大化，这也是牛市中后期股神遍地的数学逻辑。但是，其下注方式并不适合真实交易环境中的稳健交易者。

上面的案例中，如果交易者以总资金的 5% 作止损，单笔最大的亏损额就是 5000 元，最多只能全仓操作，而不能加杠杆。

神奇的凯利公式对于交易者还有另外一个启示。重新回到公式本身：

$$f = \frac{胜率}{百分比止损} - \frac{败率}{百分比止盈}$$

当百分比止损很小，甚至趋于 0 的时候，f 的计算结果就会趋向无穷大。这代表市场出现超低风险甚至无风险机会的时候，应该加杠杆，加大杠杆。当然，这样的策略同样不符合保守的交易者，毕竟还存在意料之外的"黑天鹅"。

|6.3 一致性盈利的数学逻辑|

交易数学的基础是大数法则。在大数法则约束下，任何一个交易者，即使是大型机构，在整个市场中都是沧海一粟，这也是道氏理论的数学基础。

交易数学的假设前提是确定的胜率和盈亏比。站在交易者视角，任何一种能够实现一致性盈利的交易策略，都必须符合整个市场的数学逻辑，因此必然只能在特定的市场阶段和市场环境下，实现胜率和盈亏比的相对一致性，从而获得相对稳定的期望值。动态感知和监控交易策略是否匹配市场也就成为一致性盈利的关键。

同样地，因为大数法则的制约，所以，即使是高胜算交易策略，首次交易时也可能会失败，而且可能连续失败。这样会导致账户在"跌幅"数学法则的作用下，受到严重伤害。因此，在交易的初期，更需要有效地控制风险。

交易领域的期望值公式表明，交易策略的百分比止损对期望值有重大的影响。理解这个数学事实后，交易者应该对交易策略有新的认知，需要考虑交易品种的波动性。

总之，交易数学为交易者提供了分析交易行为的有效工具，其关键就是控制交易策略的稳定性——相对稳定的胜率和盈亏比，从而实现一致性盈利。

6.3.1 交易策略的再审视

在技术分析的视角下，任何一种交易策略的基础盈亏比（第一目标止盈位）都是确定的，通常满足盈亏比为 2 的要求。在相对宽止损设置的前提下，不确定性主要来自市场背景（不同的市场阶段）导致的胜率不稳定。

例如，有效突破交易策略在顺趋势的市场阶段必然是高胜率，可能会在 70% 左右，盈亏比也可能会提高；在横盘运动和逆趋势的市场阶段，胜算会陡然降低，甚至会低于 20%，期望值为负。

基于这样的事实，交易者在制定交易策略的过程中，要重点明确交易策略的适用性。重新审视特定交易策略在不同市场阶段对应的胜率和盈亏比。换句话说，特定交易策略的胜率和盈亏比，在不同的市场阶段有不同的数值，相应的期望值也不一样。

相对确定胜率和盈亏比后，交易者还必须审视交易策略的百分比止损，其关键是交易标的的波动率。这意味着特定的交易策略要与交易品种的波动率匹配，从而在交易体系中明确选股的波动率规则。

交易策略考虑波动率后，自然会影响交易的时间周期。通常情况下，更大的价格波动需要更长的时间。

反过来，当交易策略考虑时间周期后，其胜算和盈亏比也可能会随之变化，需要交易者重新平衡。

6.3.2　交易策略的动态监测

交易策略的动态监测最直接的方法就是统计和分析交易者的真实记录。具体做法如下。

第一，建立交易记录台账，记录每一笔实际的交易。

第二，按照交易策略对台账进行分类。如果是单一交易策略，要排除非标准交易，即使是赚钱的交易也要排除。

第三，统计和分析胜率。盈利的交易次数除以交易总次数就是胜率；亏损的交易次数除以交易总次数就是亏率；胜率加亏率等于1。

第四，统计和分析真实盈亏比，一般采用单笔百分比统计。盈利总额除以盈利次数，就是平均盈利率；亏损总额除以亏损次数就是平均亏损率；平均盈利率除以平均亏损率就是交易者的真实盈亏比。

第五，动态监控。交易者用短期（例如一周）的胜率与长期的胜率比较；用短期的真实盈亏比与长期的真实盈亏比比较。

建立从个人视角的监测方法能够给交易者带来巨大的好处，这也是裸 K 线交易法的基本要求。这些交易行为的数据，除了可以进行动态监测之外，还能够帮助交易者优化特定的交易策略，提高胜算和盈亏比。

另外，交易者不能忘记大数法则。

基于个人交易数据的统计和分析，很可能与市场真实情况南辕北辙。例如，在走势分化的阶段，大盘指数是上涨趋势，并且上涨是由一些特定的板块所推动的。如果交易者没有交易当时的强势股，就会赚了指数不赚钱，个人数据与市场数据不匹配。

交易者要牢记，任何市场表现，甚至匪夷所思的表现，都是所有市场参与者合力的结果，必然满足大数法则。因此，当个人数据背离市场数据的时候，交易者要意识到，可能出错了，至少可能在交易品种的选择上出错了。

6.3.3　账户风控的实战逻辑

如同交易策略一样，在没有交易数学的支撑下，风险控制是静态的纸上谈兵。真实的交易是一个动态过程。

例如，一个 10 万元的新账户开始交易，假设账户总止损为 10%，交易策略的盈亏比为 2，单笔止损 5%，半仓操作。第一笔交易风险是 2500 元，盈利是5000 元。

甲第一笔交易成功，5 万元赚 10%，为 5000 元。第二笔交易采用单笔金额止损，5000 元的盈利加上 2500 元，总计 7500 元作为单笔止损金额。理论上交易者可以投入 15 万元（能够加杠杆的情况下）进行交易。如果失败，实际效果也等同于第一笔交易失败，本金损失 2500 元。现金账户的情况下，全仓（10.5 万元）操作失败，5% 的亏损后是 99750 元，交易者本金只损失了 250 元。假设第二次成功，则盈利 10500 元，总资金变成了 115500 元。

乙第一笔交易失败，5 万元亏损 5%，为 2500 元。第二笔交易只能继续半仓操作，如果继续亏损，损失为 2375 元，本金就损失了 4875 元，变成了 95125 元。

在大数法则的约束下，同样的交易策略，完全可能出现甲乙两人的情形。甲两次交易后，全仓操作可以承担连续失败 3 次的风险，账户资金变为 99027 元。乙只能继续半仓操作，期待账户回本。

很明显，账户风控的动态管理与第一次交易的成败关系极大。合理的做法是降低第一笔交易的风险。上面的案例中，交易者第一笔交易的风控资金 2500 元可以分为两次，第一笔交易以 25% 的仓位操作。如果成功，依托第一笔的盈利，第二笔交易就放大仓位；失败则继续降低仓位，以 12.5% 的仓位操作，从而减缓对账户的伤害。

　　这个方法也适合已经盈利账户的反向管控。当总市值明显降低的时候，交易者快速缩小总仓位，防止大幅度回吐盈利。例如，甲两次成功操作后账户资金为 115500 元，第三次全仓操作止损离场，亏损 5775 元，账户资金缩水为 109725 元。如果第四次操作再次全仓亏损离场，则会亏损 5486.25 元。第三次和第四次合计亏损 11261.25 元，接近账户最高总市值 115500 元的 10%。因此，第四次操作就不能全仓操作，需要降低仓位。简单的处理方式可以为：全仓操作失败后，随后的交易改为半仓操作，防止总账户亏损 10%。

　　千里之行，始于足下。古人诚不欺我。

第 **7** 章

裸 K 线交易者的
成功之路

|7.1　裸 K 线交易者的成长曲线 |

裸 K 线交易法认为，交易是一种技能。如同其他所有技能一样，交易需要学习和练习；而学习和练习确实能够提高交易者的交易技能。华尔街众多机构和教练通过对裸 K 线学员的长期跟踪，在大量的数据基础上，"画出"了裸 K 线交易者的典型成长曲线。

7.1.1　掌握交易最根本的技能

交易领域最根本的技能是风险控制。在没有掌握风险控制技能之前，交易者谈不上任何有意义的成长。一个能够有效控制风险的交易者，迟早会成长为优秀的交易员。风险控制的目的并不是不赔钱，而是"小亏"。如果交易者首先能够做到单笔交易"小亏"，进而做到账户总资金"小亏"，就会获得不败而后胜的优势。

举例来说，一个没有任何技术分析能力的初学者，采用随机入场的做多模式。

第一，资金分为 8 份，每份占 12.50%。

第二，单笔交易设置 8% 的止损。

第三，设置每周和每月的最大亏损额。每周或是每月达到亏损额，周期内剩余时间不交易。

第四，首次使用 1 份资金进场，初始止损为进场价的 8%。如果价格上涨出新高，就以进场价和上涨最高价的平均值为参考点，并以参考点的 8% 止损（抬高止损价）。随后把参考点视为新的进场价，重复这个过程，直到止损离场。整个过程不加仓。

第五，赚钱离场后再次进场交易（更换交易品种或是空仓 4 天），操作增加 1

份资金，直到全仓；赔钱后则减少 1 份资金，降低到 12.50% 后就不变。

　　如果案例中的初学者严格执行 5 条规则，很大可能会赚钱，至少不会大亏。原因在于看似简单的 5 条规则，事实上使用了总资金分仓、单笔止损、固定时间内金额止损、抬高止损位、赢钱加仓（亏钱减仓）这 5 种重要的风控措施，足以应对各种市场风险。

　　以第三条为例，只能做多的初学者，连续几次亏损后，达到了单周的亏损额度，说明市场正处于下跌趋势中，这条规则就能够强迫初学者暂时离开市场。

　　上述 5 条规则中，只有第四条中的"如果价格上涨出新高，就以进场价和上涨最高价的平均值为参考点"和第五条中的"更换交易品种或是空仓 4 天"与技术分析和交易策略有关，其余规则都是风险控制措施，由此可见风险控制能力对于交易者的重要性。

　　事实上，风险控制的知识并不复杂，确定规则也不难，难点在于执行。交易者需要大量的练习才能把风险控制变成最根本的交易本能。

7.1.2　成长曲线的四个阶段

　　大量的研究表明，裸 K 线交易者的成长曲线分为四个阶段，如图 7–1 所示。

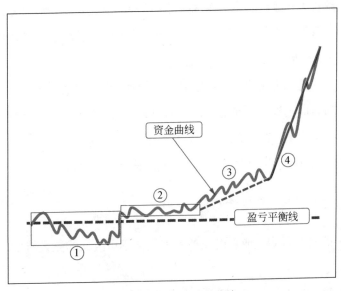

图 7–1　交易者成长曲线

（1）**基本技能和基础知识的学习**。基本技能中，核心是风险控制能力；基础知识大致对应本书第 1 章、第 2 章和第 3 章的内容，初学者一般需要 3 个月左右的时间。

这个阶段初学者不要试图赚钱，重要的是学会"小亏"。因此，图 7-1 中①对应的资金曲线通常在盈亏平衡线下方一点，意味着初学者的小幅亏损。

（2）**强化学习和练习**。这个阶段学习对应本书第 4 章、第 5 章和第 6 章的内容；练习则主要针对不同的交易策略，大量模拟练习或是小周期实战，初学者需要 3 ~ 6 个月的时间。

这个阶段最重要的特征是初学者开始赚钱了，但是赚得很少。原因在于这个阶段重点练习基本的交易策略，并且采用小周期实战，自然胜率不会太稳定，盈亏比也不会太高。

（3）**一致性小幅盈利**。这个阶段主要是对本书第 4 章和第 5 章内容的深入学习，并且在更大的时间周期上实战，一般持续 6 ~ 12 个月的时间。进入这个阶段后，不能再叫初学者了，应该叫交易者。通常情况下，交易者会逐渐形成自己的风格。这个阶段的实战操作一般会严格按照交易策略的盈亏比主动止盈，资金曲线开始呈现斜率不大的上涨趋势线。

（4）**一致性大幅盈利**。成功通过前三个阶段的交易者，开始向优秀交易者的目标前进。优秀的交易者能够识别并把握市场重大的交易机会，资金曲线呈现大斜率的上涨趋势线形态。

需要注意的是，上述的时间数据主要来自华尔街大中型机构的内训，或是裸 K 线交易法的培训机构。换句话说，数据中的交易者都有特定的导师或是教练。即使在这样的条件下，初学者进入第四阶段也需要 12 ~ 21 个月的时间。普通的交易者既要做学习者，又要做督导人，可能需要更多的时间。

7.1.3　成功交易者的三大特质

华尔街的研究表明，成功的交易者都具备不可或缺的三大特质，分别是纪律、专业和贪婪。

（1）**纪律**。在不确定的市场中，唯有严格遵循风险控制的纪律才能让交易者

"小亏"。纪律能够让交易者长期留在市场，能够让交易者保住牛市的盈利，能够让交易者躲过熊市的大跌。一轮牛熊市后，开启新的牛市。新牛市中，有纪律的交易者带着上一轮牛市的盈利进场；没有纪律的交易者最大的期望则是解套。两轮牛熊市后，相同起点的交易者自然显现出云泥之别。

（2）**专业**。任何领域，都只会奖励真正的专业者。掌握交易的专业技能，只有大量学习和练习，没有任何捷径。

（3）**贪婪**。这是成功交易者进化到优秀交易者的关键。当交易者站在市场正确一方的时候，必须能够守住自己的筹码，甚至加大自己的筹码。这个时候，贪婪就是勇气的本源。

|7.2　裸 K 线交易者自我训练的方法和工具|

交易技能与驾驶技能本质上没有区别，训练的原理和过程也大同小异。现实中，几乎所有的人都能拿本上路，但优秀的交易者却并不多见。原因在于每个驾驶员都经过了一整套科学的训练，而多数的交易者只能摸索前进，自我训练。

裸 K 线交易者的自我训练需要正确的方法和有效的工具。裸 K 线交易法从实践的角度是"风控＋读图＋操作"的交易法，是风险控制、读图和操作三种基本技能的综合应用。

所有技能类的训练逻辑都是先练分解动作，再练组合动作，最后才是综合练习。裸 K 线交易者的自我训练也要遵循这样的原则。

7.2.1　练习，再练习，反复练习

"练习，再练习，反复练习"不是简单重复练习，而是对同一个特定知识点（技能）的递进练习。

以读图练习中的孕线为例：

（1）**练习**。交易者只在图表中找出孕线，并标记出来。大量的练习后，交易者能够一眼识别出任何图表中的孕线。

（2）**再练习**。交易者在图表上加上辅助线，研读孕线与辅助线的关系，逐渐

感受孕线与辅助线之间的内在逻辑。辅助线练好了，再叠加价格结构、交易背景等要素。

（3）**反复练习**。练习孕线交易策略，主要是模拟操作和风险控制下的小规模实战。

任何一个知识点（技能）以"练习，再练习，反复练习"作为一个循环，一般需要练习 2 到 3 个循环。

开始阶段一切都要简单，简单的知识点、简单的读图、简单的技术分析，构成简单的交易策略，形成明确的练习方案。这样训练方案标准明确，交易者能够自我督导。

一段时间后，交易者可以拟订相对复杂的训练方案，例如"逆转信号 K 线 + 假突破交易策略"。相对复杂的训练方案也必须遵循"练习，再练习，反复练习"的基本方法。

7.2.2 交易记录和复盘

与交易数学中的交易记录不一样，训练阶段的交易记录重点在于对"交易动作"的记录和分析。

一份够用的交易记录要完整体现裸 K 线交易法的"三等二算"。例如，交易者练习"支撑线和阻力线的区间交易策略（做多）"。

第一，价格运行到阻力线附近的时候，交易者拟订交易计划，并做第一张截图。

第二，价格回落到支撑线附近，交易者做第二张截图。截图需要标注买进的可能小型价格区间。

第三，信号 K 线或是窄幅收敛形态出现后，做第三张截图。

第四，进场做第四张截图，标注止损价和止盈价。

第五，离场做第五张截图。

第六，离场几天后做第六张截图。

早期的复盘分析最好使用截图，而不是在行情软件上进行，原因在于行情软件后续的价格走势会干扰复盘的效果。很多交易者认为复盘分析唯一正确的答案是后续真实的走势。事实上并不是这样，其仅是多种可能走势中的一种。

交易者要牢记，复盘分析的重点不在于盈亏，而在于是否遵循了特定的交易规则。

7.2.3　建立个人的交易优势

交易者在大量的练习过程中，必然能够逐渐感知到自己的交易偏好，进而确定个人的主要交易策略。

任何一种交易策略都是针对特定的价格行为，任何一种特定的价格行为都是一个过程。更重要的是，在特定价格行为没有完成之前，随时都可能转化为另外一种价格行为。

当交易者确定了个人的主要交易策略后，需要针对这种交易策略重新做 2 到 3 轮的"练习，再练习，反复练习"的强化训练，并在训练过程中理解交易策略的底层逻辑和掌握重要的技术细节，找出"对路"走势的关键节点。

由此，交易者就建立了个人的交易优势。

| 7.3　建立与优化适合自己的交易系统 |

从初级训练到建立个人的交易优势是一个由简到繁的过程，建立和优化适合自己的交易系统则是要化繁为简。交易者要牢记，任何交易系统都有一个基本的前提，即必须满足账户风险控制的所有要求。

7.3.1　寻找和把握高质量的交易机会

再次回到裸 K 线交易法的本源：寻找和把握高质量的交易机会。交易者需要根据自己的交易系统定义"高质量"的标准。一般来说，在特定交易系统的适用阶段，交易者能够假设该交易系统具备相对稳定的胜率和盈亏比。因此，"高质量"的标准主要有以下两点。

（1）波动率。根据交易数学的结论，交易者的实际期望值与波动率正相关。这个时候，高质量就等同于潜在的高盈利率。股市的波动率通常大于其他市场，在不考虑加杠杆的情况下，太紧的止损除了会降低胜率，更大的副作用是在跟踪止损中，会过早离场，失去很多利润。

（2）时间成本。同样的盈利率，不同的进场位置导致单笔交易的持续时间有很大的差异。根据复利公式，持续时间直接决定了 n 的大小。例如，缓慢的价格运动，盈利 20% 可能需要耗时 20 个交易日；快速的价格运动可能只需要 4 个交易日。如果 20 个交易日的 n 为 1，4 个交易日的 n 就是 5，复利的结果就会有巨大的差异。

另外，就是多交易策略的融合。本书直到现在，所有的讨论都基于单一的交易策略，并没有把几种交易策略整合到一个交易系统中。但是，很多裸 K 线交易者的交易系统，都是以特定交易策略为核心的多策略组合，以包容对自己有利的价格运动。

例如，一个以"支撑线和阻力线的区间交易策略（做多）"为核心的交易者，当价格接近阻力线的时候，大阳线强势突破阻力线。这个时候，有经验的交易者很可能不会按照原来的交易计划离场，而是接着按照"有效突破交易策略"继续交易。

因此，交易机会的"高质量"也体现在潜在的多交易策略的融合与转换，能够持续跟进对交易者有利的行情。

7.3.2　完整的交易系统

任何一个交易策略都有底层逻辑和规则表述。所谓化繁为简，就是用清晰明确的简要规则，覆盖底层逻辑的多数情形。

以"有效突破交易策略"为核心的交易系统为例，交易系统不需要找出所有的突破行情，也不需要做足整段行情；同时，交易系统会进入一些不对路的行情，也可能出现行情对路交易亏损的情形……但是，交易系统能够把握多数走势相对标准的行情。换句话说，交易系统要有相对稳定的胜率和盈亏比。

一个完整的交易系统不在于文字的多少，或是规则的详尽，关键在于要包括三大基本要素，即风险控制、特定价格行为的底层逻辑和买卖规则。

很多交易者往往在买卖规则上下大功夫，而忽略了风险控制和特定价格行为的底层逻辑。例如，趋势结构分为强趋势、正常趋势和弱趋势。如果某个趋势交易系统的底层逻辑没有考虑这个因素，其买卖规则下的胜率就会不稳定，也很难做好风险控制。

通常情况下，一个完整的交易系统，第一步是要从特定的价格行为出发，拟定特定的交易策略。第二步是特定价格行为对应的波动率，交易者能否做有效的风险控制。第三步才是利用辅助线和信号 K 线拟定买卖规则。第四步是筛选潜在的交易品种，也就是选股方法。第五步是最重要的——动态监测该交易系统的适用条件。所谓的适用条件，就是要满足交易数学中的大数法则。例如，做多的交易系统，需要大盘配合，也需要交易品种比大盘强势。

7.3.3 交易计划的前置工作

在本书的最后，必须要讨论一下交易者熟悉又陌生的概念——交易计划。

裸 K 线交易法的交易计划是一系列前置工作的落脚点和真实交易的出发点。以简单的孕线做多交易策略为例：

第一，大盘处于多头，至少处于横盘阶段，满足做多交易策略的适用条件。

第二，交易品种表现比大盘强势。

第三，交易品种出现信号 K 线。这里指孕线。

第四，以孕线交易策略正常的盈亏比 1 测算上涨空间，买进价和止盈价之间没有重要的阻力线。

第五，以止损价和可能的进场价为参考，按照风险控制的规则，确定投入的交易资金。

第六，价格超过孕线的最高价进场，并以孕线的最低价做止损参考点。

第七，等待，让价格自己运动。如果到了止盈价就离场；触及止损价也会被动离场。

一些交易者的交易计划可能只涉及第五条，有些人甚至没有止损设置；第六条和第七条可能是很多交易者交易计划的全部内容。

事实上，即使是最简单的交易策略，裸 K 线交易者都需要完成必需的前置工作。没有前置工作的交易计划，在裸 K 线交易法中都属于随机交易的范畴，是错误的交易行为。

7.3.4　建立与优化交易系统是一个渐进的过程

交易者建立自己的交易系统是一个过程，合理的方法是先建立一个简单的交易系统。简单，首先是针对的价格行为要简单，对应的交易策略就不复杂；然后在简单的模型上逐渐叠加交易系统所必需的要素，逐渐理解交易系统的本质。

例如，以孕线为核心，建立一个简单的交易系统。

第一步，加上大阳线标准。

第二步，加上孕线在大阳线中点之上的标准。

第三步，加上多根孕线的标准。

第四步，加上趋势线标准。

第五步，加上大阳线上穿关键水平线的标准。

……

这样叠加后，价格运动就变成"突破后 + 强势压力支撑互换"的特定价格行为，普通的孕线交易策略就成为了"有效突破孕线进场"的交易策略。该策略要求多根孕线的低点在大阳线中点上，可能会影响胜算和风险控制，交易者要继续修正。

很明显，"有效突破孕线进场"是一种偏激进的交易策略，需要大盘的配合（择时），以及交易品种的相对强势（选股）。这些标准也需要加到该系统中。

对于有经验的交易者来说，优化的重点是风险控制和适用条件，而不是技术面上的过度细化。这往往是一些交易者的盲区，需要交易数学的知识和结论做基础。

｜7.4　威科夫价格循环和价格结构的优化讨论｜

进入信息时代后，一些优秀的交易者在实用层面，再次优化了威科夫的价格循环和价格结构，并衍生出更细节性的交易策略，如图 7-2 所示，"收敛扩张漏斗模式"就是其中之一。

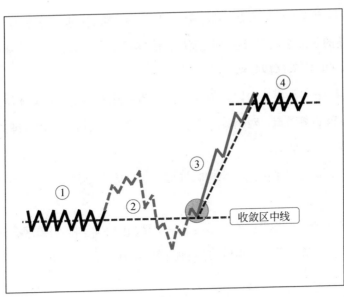

图 7-2　收敛扩张漏斗模式

前信息时代的交易者多数以报纸上的报价表参与市场，信息时代的交易者能够及时获得价格运动的海量信息，因此能够对价格行为进行更深入的研究。

先前的技术分析偏好强调特定理论的广泛性，试图用一种理论解释、分析和预测所有的价格运动。这样的理论偏好往往增加了交易实践中的歧义性和不确定性。

信息时代发展出来的交易理论则偏好可操作的技术细节，强调特定价格行为的确定性和可操作性，即使这类价格行为并不常见。能够这样做的原因在于，信息时代的交易者能够有效地识别与筛选某些特定的价格行为模式，并能够在交易实践中有效把握。

"收敛扩张漏斗模式"分为四个阶段。

（1）**收敛区**。以日线为例，收敛区与道氏理论中的窄幅收敛基本上一样，连续多日在很小的价格范围内波动。通常情况下，这是威科夫价格循环的吸筹区或是派发区。

（2）**扩张区**。扩张区是指摆脱收敛区的惯性，价格进行了上下的扩张运动。

（3）**趋势段**。当价格从收敛区的下方重新回到收敛区的中线后，如果中线完成了压力支撑互换的价格行为，随后就会开始一轮相对快速的趋势运动。

（4）**新的收敛区**。趋势运动结束后，价格重新窄幅运动，形成新的收敛区，对应威科夫的再吸筹区或是派发区。

"收敛扩张漏斗模式"以收敛区中线作为关键水平线，并据此作为进场点，以及止损设置的参考点；对路的走势是走完一段小型趋势；止盈标准之一是小型趋势重新转为收敛形态。

很明显，这是一个高盈亏比和低时间成本的交易策略，同时也能够有效控制风险。

如图 7-3 所示，案例中的收敛区是一个稍微向下倾斜的吸筹区，随后向上强势扩张并跌到收敛区下方。当价格回到收敛区中线上方后，开始了一段快速的上涨趋势。

图 7-3　收敛扩张漏斗模式案例

如图 7-4 所示，红色①②③是一个大型的"收敛扩张漏斗模式"。黑色①收敛区的持续时间属于正常情况；黑色②收敛区的持续时间偏短，只能在 30 分钟 K 线图上看见清晰的结构。

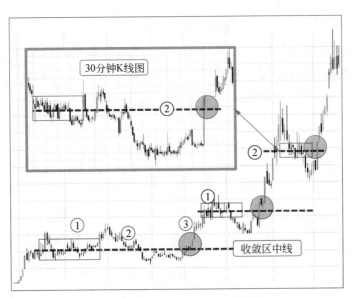

图 7-4　收敛扩张漏斗模式的类型

"收敛扩张漏斗模式"除了收敛区持续时间的差异外，还有一种常见的形式。

如图 7-5 所示，价格向上扩张后，向下扩张得到了收敛区中线的有效支撑。

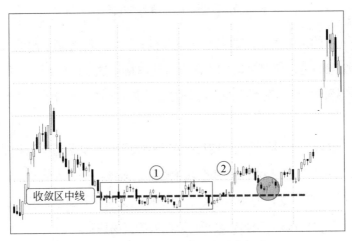

图 7-5　收敛扩张漏斗模式的变形

图 7-6 中的案例，还可以采用裸 K 线交易法中其他的交易策略。

①号线作为支撑线，②和③都可以作为阻力线。

①和②组合，案例中的价格运动就是向上假突破接向下假突破；有效突破后

回撤②号阻力线，完成压力支撑互换。

①和③组合，价格运动是向下假突破后，向上突破③号阻力线，回撤穿越了③号阻力线后，再次突破。

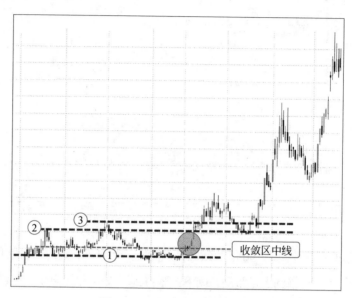

图 7-6　不同交易策略的比较

图 7-6 中的案例表明："收敛扩张漏斗模式"的风险控制和时间成本更具优势。需要注意的是，仅仅是案例中的走势能够得出这样的结论，不代表整个市场，或是市场的多数情况都能得出这个结论。真正的结论是什么，需要交易者自行研判。

讨论"收敛扩张漏斗模式"的目的在于抛砖引玉。交易者学习和掌握了裸 K 线交易法的基础工具、技术分析和交易策略后，应该根据个人经验，逐渐形成适合个人的交易策略。这样的交易策略基于裸 K 线交易法的原理，叠加了交易者个人的交易经验，才能成为交易者真正可以依赖的交易诀窍。

| 7.5　把交易融入生活 |

人不是，也不能为交易而生，交易只能是生活的一部分。

　　多数的交易者通常是"兼职"的交易者，交易是理财的重要手段之一；即使是专业的交易者，交易也只是一份工作。但是，交易事实上是最直接的金钱游戏，而金钱诱惑往往让人失去了平常心，一些人不幸成为了交易的"奴隶"。交易的"奴隶"把交易作为生活的全部，这是巨大的错误。

　　所有成功的交易者都需要把交易融入生活。就跟会开车一样，这是一种技能，能够提高生活的品质。仅此而已。

　　把交易融入生活的关键点在于，交易节奏要与生活匹配。交易节奏主要由交易者的主要时间周期决定，日线适合绝大多数的交易者。

　　交易系统化繁为简后，交易者并不需要继续大强度地学习和练习。如同拿到驾照后不会再去驾校上课。

　　坚持经过市场验证的交易系统就好，人生很长，慢慢做。